Die Funktionsklasse der „segnali discorsivi" des Italienischen

I0138820

Kontrastive Linguistik
Linguistica contrastiva

Herausgegeben von Elmar Schafroth und Marcella Costa

Vol. 7

Zu Qualitätssicherung und Peer Review der vorliegenden Publikation

Die Qualität der in dieser Reihe erscheinenden Arbeiten wird vor der Publikation durch die Herausgeber der Reihe sowie durch zwei Mitglieder des Wissenschaftlichen Beirates geprüft.

Notes on the quality assurance and peer review of this publication

Prior to publication, the quality of the work published in this series is reviewed by the editors of the series and by two members of the academic advisory board.

Riccardo Imperiale

Die Funktionsklasse der „segnali discorsivi" des Italienischen

Mit einer korpusgestützten Analyse
von „praticamente" und „comunque"

PETER LANG
EDITION

Bibliografische Information der Deutschen Nationalbibliothek
Die Deutsche Nationalbibliothek verzeichnet diese Publikation
in der Deutschen Nationalbibliografie; detaillierte bibliografische
Daten sind im Internet über http://dnb.d-nb.de abrufbar.

ISSN 2192-3507
ISBN 978-3-631-71751-6 (Print)
E-ISBN 978-3-631-72063-9 (E-PDF)
E-ISBN 978-3-631-72064-6 (EPUB)
E-ISBN 978-3-631-72065-3 (MOBI)
DOI 10.3726/b10990

© Peter Lang GmbH
Internationaler Verlag der Wissenschaften
Frankfurt am Main 2017
Alle Rechte vorbehalten.
Peter Lang Edition ist ein Imprint der Peter Lang GmbH.

Peter Lang – Frankfurt am Main · Bern · Bruxelles · New York ·
Oxford · Warszawa · Wien

Das Werk einschließlich aller seiner Teile ist urheberrechtlich
geschützt. Jede Verwertung außerhalb der engen Grenzen des
Urheberrechtsgesetzes ist ohne Zustimmung des Verlages
unzulässig und strafbar. Das gilt insbesondere für
Vervielfältigungen, Übersetzungen, Mikroverfilmungen und die
Einspeicherung und Verarbeitung in elektronischen Systemen.

Diese Publikation wurde begutachtet.

www.peterlang.com

Vorwort und Dank

Die vorliegende Arbeit wurde als Abschlussarbeit des Masterstudiengangs *Italienisch: Sprache, Medien, Translation* an der Heinrich-Heine-Universität Düsseldorf verfasst. Mein Interesse für das Thema *segnali discorsivi* wurde maßgeblich durch die im Kurs *Dizionari per apprendenti* gemachten Erfahrungen angeregt, den ich im Wintersemester 2013/14 bei Prof. Dr. Elmar Schafroth besuchte. In diesem Kurs bekam ich erstmals ein Bewusstsein dafür, wie komplex und vielseitig Bedeutung und Funktion dieser von Muttersprachlern wie selbstverständlich verwendeten Elemente gesprochener Sprache sind.

Die Veröffentlichung dieser Arbeit wurde durch Prof. Dr. Marcella Costa und vor allem durch Prof. Dr. Schafroth ermöglicht, dem ich darüber hinaus auch grundsätzlich für seine vielseitige Unterstützung herzlich danken möchte.

Sehr danken möchte ich zudem meiner Kollegin Erica di Blanca Bonasera und insbesondere meiner Freundin Mara Nogai für ihre wertvolle Hilfe.

Inhaltsverzeichnis

0 Einleitung

Abstract: The subjects of this study are the theoretical discussion of the spoken language phenomenon of discourse particles, the delimitation of this functional class from similar classes like the modal particles and a detailed empirical analysis of the Italian discourse particles *praticamente* and *comunque*.

> A: *ecco ma eh* lei faccia una letterina alla al servizio $ della direzione *e* voi dite signori la situazione dei nostri veicoli turistici e' questa *va bene* * # *o se no via* mi faccia un promemoria a me
> B: * *mh* * *si'*
> A: *poi* ci penso io *via perche'* bisogna presentarla questa situazione
> B: *mh mh*
> (*BADIP*[1]; Hervorhebung von mir[2])

Dieser authentische Beleg konzeptionell mündlicher Sprache[3] enthält, wie die Hervorhebungen zeigen, eine ganze Reihe unscheinbarer „Wörtchen", die in der alltäglichen Nähesprache des Italienischen in einer beeindruckend hohen Frequenz und in großer Variation gebraucht werden. Man könnte jedoch meinen, dass diese hohe Gebrauchsfrequenz im Gegensatz zur scheinbar geringen Bedeutung steht, die diese Wörtchen letzten Endes für den Inhalt der Konversation haben. So würde etwa der erste Redebeitrag des Sprechers A nicht unvollständig oder unverständlich werden, wenn man die Sequenz *ecco ma eh* striche; entfernte man hingegen das Verb *faccia* aus dem Satz *lei faccia una letterina*, so wäre dieser sehr wohl als unvollständig und „sinnlos" zu bezeichnen. Doch handelt es sich deshalb bei Elementen wie *ecco, ma, eh* um weitgehend überflüssige Formen sprachlichen Ausdrucks?

Dass diese Frage keineswegs mit *ja* zu beantworten ist und dass den hervorgehobenen sprachlichen Ausdrücken – im Italienischen meist *segnali discorsivi* genannt – eine ganz elementare Rolle bei der Produktion und Rezeption gesprochener Sprache zukommt, hat die linguistische Pragmatik-Forschung

---

1 Vgl. badip.uni-graz.at.
2 Sofern ich im Folgenden Hervorhebungen innerhalb der Zitate nicht als meine kenntlich mache, stammen diese stets aus dem Originaltext. `
3 Den Begriff der konzeptionellen Mündlichkeit entnehme ich dem sprachtheoretischen Modell aus Koch/Oesterreicher (vgl. 2011: 3ff.).

der letzten Jahrzehnte übereinstimmend gezeigt. So ist es etwa äußerst unwahrscheinlich, dass die Aufforderung *lei faccia una letterina* im obigen Beispiel ohne den Gebrauch des einleitenden *ecco ma* sowie des überbrückenden *eh* eine angemessene Äußerung darstellen würde; wobei ‚angemessen' hier meint: funktional im Hinblick auf sämtliche kommunikative Faktoren des gegenwärtigen Diskursstands. Ebenso könnte der Sprecher ohne die Bestätigung des Hörers durch Elemente wie *mh sì* wohl nicht ohne Weiteres zum nächsten Redebeitrag übergehen. Und wie würde er diesen wiederum beginnen und in Beziehung zum zuvor Gesagten setzen, wenn ihm nicht das hierfür geeignete *poi* zur Verfügung stünde?

Ziel der vorliegenden Arbeit ist es, zunächst einen groben Überblick über die komplexe Funktionsklasse der *segnali discorsivi* (= SD) zu geben und im Anschluss daran zwei in der gegenwärtigen italienischen Nähesprache häufig und vielseitig gebrauchte Formen genauer zu untersuchen. Hierbei handelt es sich um *praticamente* und *comunque*, deren kommunikative Funktionen durch eine detaillierte Korpusanalyse bestimmt werden sollen.

Im theoretischen Teil der Arbeit gilt es zunächst, einen Überblick über die divergierende Terminologie zu geben, die diesen Forschungsbereich traditionell auszeichnet (1.1). Sodann sollen die distinktiven Merkmale und Eigenschaften der SD herausgestellt und verschiedene theoretische Ansätze für eine Begriffsbestimmung vorgestellt werden (1.2). In Kapitel 1.3 wird ein differenzierter Überblick über die verschiedenen Funktionskategorien der SD geboten, wofür vor allem auf die Modelle von Koch/Oesterreicher (2011) und Carla Bazzanella (1995, 2005, 2008) zurückgegriffen wird. Diese sollen miteinander verglichen werden, da anzunehmen ist, dass sie sich in vielen Punkten ergänzen und somit in der Funktionsanalyse komplementär angewandt werden können. Hierbei wird zugleich eine grobe Übersicht über die einzelnen Formen gegeben, die die umfangreiche Funktionsklasse der SD bilden. Zudem wird nicht zuletzt die funktionale Abgrenzung von anderen Klassen, wie den Abtönungspartikeln und den Interjektionen, zu diskutieren sein.

Die zweite Hälfte des theoretischen Teils befasst sich mit den näher zu untersuchenden Formen *praticamente* und *comunque*. Zunächst gilt es, deren nicht-pragmatische Bedeutungen und Funktionen herauszustellen. Hierfür werden sämtliche einschlägige Wörterbücher des Italienischen herangezogen (2.1.1, 2.2.1). Die Bestimmung der nicht-pragmatischen Gebrauchsweisen ist unabdingbar für die anschließende Bestimmung der pragmatischen Gebrauchsweisen. In den Kapiteln 2.1.2 und 2.2.2 sollen schließlich, aufbauend auf dem Erarbeiteten, Vermutungen darüber angestellt werden, welche pragmatischen Funktionen *praticamente* und *comunque* in Nähediskursen ausüben können.

Im angewandten Teil der Arbeit werden die Ergebnisse der korpusgestützten Funktionsanalyse von *praticamente* und *comunque* vorgestellt. Es wird zu zeigen sein, inwieweit die in 2.1.2 und 2.2.2 angestellten Vermutungen zu bestätigen, zu widerlegen oder gar durch den Nachweis zuvor nicht vermuteter Funktionstypen zu ergänzen sein werden. In die Funktionsanalyse wird auch der pragmatische Gebrauch der Präpositionalphrase *in pratica* miteinbezogen, die funktional eine weitgehend äquivalente Alternative zu *praticamente* darzustellen scheint; auch diese Annahme wird zu überprüfen sein. Die Funktionsanalyse stützt sich auf das 2004 von der Universität Neapel veröffentlichte *CLIPS*-Korpus (*Corpora e Lessici di Italiano Parlato e Scritto*) (vgl. 3). Dank des umfassenden Audio-Materials dieses Korpus können die SD *praticamente* und *comunque* einer eingehenden Analyse unterzogen werden, die zahlreichen Faktoren des jeweiligen Gebrauchskontextes Rechnung trägt und vor allem das so wichtige Kriterium der Prosodie bzw. Intonation miteinbezieht.

1 Die *segnali discorsivi* - Definition und Klassifizierung

Abstract: In this chapter first a few basic questions about terminology will be discussed, different approaches to definition and classification will be presented and the distinctive features of discourse particles will be brought out. Then an overview of the functional categories of this class, based on the models of Koch/Oesterreicher (2011) and Bazzanella (1995, 2005, 2008), will be given.

1.1 Terminologischer Überblick

Um sich der komplexen Thematik der *segnali discorsivi* anzunähern, bedarf es zunächst eines terminologischen Überblicks. Die bestehende Vielfalt an Termini und Klassifizierungen[4] ist in erster Linie auf die „caratteristica

---

4   Die äußerst umfangreiche Forschungsliteratur zum Thema SD kann hier bei weitem nicht erschöpfend wiedergegeben werden. Es sei lediglich auf einige Werke verwiesen, die den internationalen SD-Diskurs geprägt haben und sich für eine Vertiefung der Thematik eignen: Schiffrin (1987) verfolgt in *Discourse markers* einen interdisziplinären (linguistisch-soziologischen) Ansatz und kommt nach der komparatistischen Analyse einiger englischer SD zu dem Schluss, dass deren Funktion, die letztlich in der Herstellung diskursiver Kohärenz besteht, nur verstanden werden kann, wenn man einer Vielzahl zusammenwirkender Faktoren (pragmatischer, semantischer, struktureller, sozialer Art) Rechnung trägt. Mosegaard Hansen (1998) entwirft in *The Function of Discourse Particles. A study with special reference to spoken standard French* zunächst einen allgemeinen Beschreibungsansatz, indem sie grundsätzliche theoretische Fragen im Hinblick auf Funktion und Distribution der SD diskutiert, um schließlich einige französische SD einer korpusbasierten Detailanalyse zu unterziehen. Blakemore (2002) stellt in *Relevance and Linguistic Meaning. The semantics and pragmatics of discourse markers* zunächst der traditionellen Semantik-Pragmatik-Dichotomie den von ihr in vorigen Werken begründeten Begriff der Prozeduralität gegenüber und ergänzt diesen schließlich, in Anlehnung an Sperber/Wilson, um die kognitive Kategorie der Relevanz. Vgl. außerdem Zorraquino/Portolés (1999), *Los marcadores del discurso* und Fischer (2000), *From Cognitive Semantics to Lexical Pragmatics. The Functional Polysemy of Discourse Particles*. Als Aufsatzsammlungen können weiterhin genannt werden: Drescher/Frank-Job (Hg.) (2006), *Les marqueurs discursifs dans les langues romanes*, wo ein Überblick über die SD der romanischen Sprachen gegeben und vier Themenschwerpunkte

eterogeneità categoriale" (Bazzanella 2001a: 41f.) der SD zurückzuführen, die sich eben nicht mittels der traditionellen grammatischen Kategorien bestimmen lassen, sondern vielmehr wortartenübergreifend und im Hinblick auf ihre spezifische, von Fall zu Fall divergierende Funktion zu betrachten sind[5]. So hat sich im internationalen Diskurs in den vergangenen Jahrzehnten ein breites Spektrum an terminologischen Varianten entwickelt: im Englischen etwa *pragmatic connectives, hedges, segmentation markers, phatic connectives, dicourse particles, discourse markers* (vgl. ebd.: 43), wobei die letzten beiden wohl die gängigsten Bezeichnungen sind; im Französischen u. a. *particules énonciatives, connecteurs pragmatiques, connecteurs interactifs, marqueurs (discursifs)*; im Spanischen u. a. *conectores, marcadores interaccionales, marcadores del discurso* (vgl. ebd.). Ein klassifikatorisches Problem stellt grundsätzlich die Tatsache dar, dass den verschiedenen Definitionsansätzen meist divergierende Kriterien und Parameter zugrunde liegen (vgl. ebd.: 42).

Im Deutschen bzw. in der germanistischen Linguistik gelten die folgenden Bezeichnungen als die gängigsten: *Diskurspartikeln, Diskursmarker, Gesprächspartikeln, Gesprächswörter*[6]. Somit besteht, dies sei

---

behandelt werden (1. die strukturierende Funktion der SD auf interaktionaler Ebene unter Berücksichtigung von Mimik und Gestik, 2. die Detailanalyse einzelner SD und die Frage nach deren kategoriellem Status, 3. die Genese der SD im Hinblick auf Grammatikalisierung und Pragmatikalisierung, 4. die SD und ihr Gebrauch in verschiedenen Diskursgenres und in variationellen Kontexten); Fischer (Hg.) (2006), *Approaches to Discourse Particles*, wo ebenfalls einige elementare Themen (Definition der SD, ihr funktionales Spektrum, Monosemie vs. Polysemie) behandelt werden und vor allem ein Überblick über z. T. sehr verschiedene Forschungsansätze gegeben wird; Aschenberg/Loureda Lamas (Hg.) (2011), *Marcadores del discurso: de la descripción a la definición*, wo folgende Themen diskutiert werden: 1. die Beschreibung der SD aus lexikologisch-lexikographischer Sicht (mit Blick auf das Spanische), 2. die Beschreibung der SD aus kontrastiver und übersetzungswissenschaftlicher Sicht (mit Blick auf die Sprachen Spanisch und Deutsch).

5   „Si tratta di una classe non definita grammaticalmente" (Bazzanella 2001a: 42).
6   Zudem gibt es Begriffsbezeichnungen, die sich von den gängigen Termini deutlich unterscheiden. Ein Beispiel dieser Art stellt der von Barden/Elstermann/Fiehler (2001) geprägte und, wie Imo (vgl. 2012: 61) bemerkt, auch vom Duden (vgl. 2009: 1201) verwendete Begriff ‚Operator-Skopus-Strukturen' dar. Mit diesem wird zugleich ein spezieller Klassifizierungsansatz impliziert, da er nicht

16

vorweggenommen, ein weitaus geringerer terminologischer Konsens als im Italienischen. War Ende der sechziger Jahre meist noch abwertend von *Flick-* oder *Füllwörtern* und Ähnlichem die Rede (vgl. Weydt 1969: 23), so hat Harald Weydts Studie über die deutschen Abtönungspartikeln maßgeblich dazu beigetragen, das Interesse der Forschung auf dem Gebiet der Partikelforschung zu fördern. Hierbei ist anzumerken, dass den Abtönungspartikeln generell besondere Merkmale zugeschrieben werden, die sie vielen Autoren zufolge vom Rest der Diskurspartikeln unterscheiden (vgl. Waltereit 2006: 3). Der Begriff ‚Gesprächswort' stamme Burkhardt (1985) zufolge von Henning Brinkmann (1962), der ihn erstmals verwendet habe, wenn auch „freilich in anderer Bestimmung" (Burkhardt 1985: 239). 1978 habe Helmut Henne ihn dann pragmatisch interpretiert, um so die Gesprächswörter als eigene Wortart zu definieren (vgl. Burkhardt 1982: 139). Diesen Ansatz baute Burkhardt einige Jahre später aus und gelangte zum Entwurf einer Gesprächsworttypologie fürs Deutsche (vgl. Burkhardt 1985: 264) und fürs Italienische (vgl. ebd.: 267). Auch Koch/ Oesterreicher sprechen von „Gesprächswörtern" (Koch/Oesterreicher 2011: 42), während sie für den Begriff ‚Diskursmarker' einen Einfluss des Englischen (*discourse markers*) annehmen. Von ‚Diskursmarkern' und ‚Diskurspartikeln' ist synonym bei Waltereit die Rede (vgl. Waltereit 2006: 3). Henne/Rehbock wiederum schwanken zwischen ‚Gesprächswörtern' und ‚Gesprächspartikeln' (vgl. Henne/Rehbock 2001: 289). Am stärksten variiert Schwitalla (2012). Er schlägt eine Definition von ‚Gesprächspartikeln' im weiten und im engeren Sinne vor, wobei er zu ersteren „auch Modalpartikeln, Onomatopoetika und alle Typen von Interjektionen" (Schwitalla 2012: 157) zählt; hingegen ordnet er „lexikalisierte Wörter und Wortverbindungen, die nicht mehr mit ihrer ursprünglichen Bedeutung paraphrasiert werden können" den **„Diskursmarker**[n] im engeren Sinn" (ebd.) zu. An anderer Stelle kommt mit den „Diskurspartikeln" (ebd.: 38) gar ein weiteres Synonym hinzu. So wirkt das ständige Alternieren

---

einzelne „Partikeln", sondern (zweiteilige) syntaktische Konstruktionsmuster bezeichnet, die „aus einem Wort oder einer kurzen Formel" (Operator) und aus einer „vollständige[n] Äußerung" (Skopus) bestehen, wobei der Operator als *„Verstehensanleitung oder -anweisung"* (Barden/Elstermann/Fiehler 2001: 1) für den Skopus fungiere.

von Begrifflichkeiten (vgl. ebd.: 24, 38, 147) insgesamt verwirrend, unterstreicht jedoch die Komplexität der hier zu behandelnden Funktionsklasse. Der Terminus ‚Diskurspartikel' scheint unter den genannten Varianten zunächst am besten geeignet zu sein. So hat er etwa gegenüber dem Begriff ‚Diskurs*marker*' den Vorteil, die Funktion der Partikeln nicht zu sehr auf den strukturellen Aspekt einzugrenzen. Im Vergleich zum Begriff ‚*Gespräch*swort' beschränkt er den Funktionsradius der Partikeln nicht nur auf den Kontext der gegenwärtigen Gesprächssituation, sondern bezieht den gesamten Diskurs, im Sinne von ‚alle zwischen den Gesprächspartnern jemals realisierten Äußerungen', mit ein. Dies erscheint durchaus sinnvoll: Man denke nur an die mögliche Framer-Funktion der deutschen Partikel *ja* (vgl. Waltereit 2006: 40). Weiterhin ist anzumerken, dass es sich etwa bei Interjektionen (vgl. 1.3.7.1) oder bestimmten Kontaktsignalen (vgl. 1.3.3) nicht um „Wörter" im eigentlichen Sinn handelt, sodass sie – trotz funktionaler Äquivalenz – nicht als ‚Gesprächs**wörter**' bezeichnet werden können (vgl. Koch/ Oesterreicher 2011: 68). Der weiter gefasste Begriff ‚Diskurs*partikeln*' hingegen würde auch solche Elemente miteinbeziehen. Dennoch könnte man gegen den Begriff ‚Diskurspartikeln' mit Bazzanella wiederum einwenden: „[...] dall'altra parte, *particelle* sembra inadatto ad elementi ‚pesanti' come avverbi, sintagmi verbali, e addirittura clausole/espressioni frasali"[7] (Bazzanella 2001a: 44). Vorausgesetzt, dass ‚Signal' (‚*segnale*') sich in Bezug auf diesen Aspekt besser eignet als ‚Partikel', so könnte im Deutschen die – ebenfalls bestehende, jedoch meines Wissens seltener gebrauchte – Begriffsvariante ‚Diskurssignal' eine angemessene terminologische Lösung darstellen.

Die italienische SD-Forschung hat insgesamt eine ähnliche Entwicklung wie die deutsche Diskurspartikelforschung genommen, wenn sie auch etwas später einsetzte. Anfangs subsumierte man die SD stillschweigend unter die traditionellen Wortarten. In einem zweiten Schritt gestand man ihnen dann eine eigene, jedoch eher unerhebliche Funktion als schlichte *riempitivi* (dt. ‚Füllwörter') zu (vgl. Burkhardt 1985: 238). Nachdem bereits Leo Spitzer auf den ungewöhnlichen Gebrauch „z.B. von it. *già, basta, per esempio, così, sai, poi*" gestoßen war, dem ihm zufolge „genug des Eigenartigen" (Spitzer 1922:

---

7 Dieses Argument ließe sich natürlich problemlos auf den deutschen Begriff ‚Partikeln' übertragen.

prefazione, X)[8] anhaftete, führte Harro Stammerjohann (1977) die wohl erste systematische, aber noch weitgehend auf strukturalistischen Kriterien beruhende Untersuchung der *Elementi di articolazione dell'italiano parlato* durch. Letztere unterteilte er in drei Hauptfunktionsgruppen, wobei er in diesem Zusammenhang bereits von „segnali" sprach, und zwar „di apertura", „di correzione", „di chiusura" (Stammerjohann 1977: 111). Aufgrund des steigenden Interesses seitens der Forschung bildeten sich in den Folgejahren auch im Italienischen mehrere Synonyme heraus: So spricht etwa Berretta (1984) von *connettivi testuali*, Stame (1994) von *marcatori pragmatici*, Contento (1994) von *marcatori discorsivi*[9]. Carla Bazzanella, die eine umfassende Klassifizierung der SD vorgelegt hat (vgl. Bazzanella 1995, 2001a, 2008), hatte zunächst u. a. die Bezeichnungen *connettivi* (1985) und *indicatori fàtici* (1994a) gebraucht, um sich spätestens mit ihrem zentralen Beitrag in der *Grande grammatica* von Renzi et alii (1995) terminologisch auf die *segnali discorsivi* festzulegen. Mittlerweile hat sich dieser Terminus im Italienischen weitgehend durchgesetzt (vgl. Bazzanella 2001a: 44).

1.2 Begriffsbestimmung

1.2.1 Eigenschaften und Merkmale

Eine genauere Untersuchung der SD unterliegt stets zwei Prämissen. Erstens stellen sie – dies liegt gewissermaßen in der Natur der Sache – ein typisches Phänomen des konzeptionell mündlichen Diskurses dar (vgl. Koch/Oesterreicher 2011: 42ff.). Auch medial sind sie vorwiegend der Mündlichkeit zuzurechnen:

> L'analisi dei segnali discorsivi deve necessariamente porsi sul piano dell'enunciazione e tenere conto delle variabili della comunicazione in corso. [...] i segnali discorsivi sono molto usati nel parlato dialogico, in situazione informale, poco

---

8 Im Inhaltsverzeichnis nennt er diese Elemente noch ganz neutral „Eröffnungs-*formen*" und „Abschluß*formen*" (ebd.; Hervorhebung von mir).

9 Kurios ist, dass in derselben Aufsatzsammlung *Tra conversazione e discorso* (1994) die Herausgeberin Franca Orletti in der Einleitung neben weiteren Synonymen wie „marche di discorso e connettivi" auch schon die „cosiddetti segnali discorsivi" (Orletti 1994: 21) erwähnt. Wann der Terminus genau ins Italienische eingeführt wurde, konnte ich nicht feststellen; er scheint sich jedoch zwischen Anfang und Mitte der neunziger Jahre etabliert zu haben.

controllata [...]. L'uso dei segnali discorsivi è invece più raro in una situazione formale [...].
(Bazzanella 1995: 227)

Ihr stilisierter Gebrauch in literarischen oder Zeitungstexten hingegen mag als prototypisches Beispiel für das gelten, was man *fingierte Mündlichkeit* (vgl. Koch/Oesterreicher 2011: 31) nennt. Die zweite Prämisse bezieht sich auf den Varietäten-Aspekt. Bazzanella zufolge seien „tutte le dimensioni di variabilità sociolinguistica [...] correlate in modo più o meno significativo con l'uso di determinati SD" (Bazzanella 2001a: 50). Als stark diatopisch markiert gilt etwa das norditalienische SD *piuttosto che*, dessen pragmatische Funktion im Aufzeigen einer Alternative besteht (vgl. ebd.), während es in nicht-pragmatischer Verwendung einen Gegensatz ausdrückt: „Per i parlanti del centro e del sud quest'uso non è assolutamente possibile [...]" (ebd.: 51)[10]. Dennoch wird die vorliegende Arbeit den soziolinguistischen Faktor nicht miteinbeziehen[11]; angesichts ihrer empirischen Ausrichtung berücksichtigt sie hingegen umso mehr die erste Prämisse.

In ihrer „ursprünglichen", d. h. nicht-pragmatischen Bedeutung gehören die SD verschiedenen Wortarten an und stellen demnach im Hinblick auf ihre „grammatische Herkunft" eine äußerst heterogene Klasse dar. Bazzanella zufolge können „operatori di coordinazione" wie *ma* und *e*, „operatori di coordinazione avverbiale" wie *cioè*, „avverbi frasali" wie *praticamente*, „interiezioni" wie *eh* oder *boh*, „sintagmi verbali" und „preposizionali" wie respektive *guarda* und *in qualche modo* sowie „espressioni frasali" (Bazzanella 1995: 225) wie *come dire* als SD fungieren. Sobald sie den Status eines SD einnehmen, büßen sie zugleich einen Großteil ihrer gewöhnlichen Bedeutung ein, sodass sie fast nur noch über ihre Funktion im Diskurs zu bestimmen sind. So kann eine Klassifizierung der SD grundsätzlich nicht

---

10 An anderer Stelle stellt Bazzanella in diastratischer Hinsicht bei Schülern eine Präferenz für den Gebrauch von *praticamente* fest, wohingegen *voglio dire* überwiegend von Dreißigjährigen mit politischen Erfahrungen im linken Spektrum benutzt werde (vgl. Bazzanella 1985: 90).

11 Ein Grund hierfür ist der nach wie vor unzureichende Forschungsstand in der Literatur zu diesem Thema (vgl. Bazzanella 2001b: 82f.). Zudem scheint mir der Gebrauch der hier untersuchten SD *praticamente* und *comunque* insgesamt stark verbreitet, sodass sich die soziolinguistischen Kriterien in geringerem Maße niederschlagen sollten als bei SD wie *piuttosto che* oder *mica*.

nach morphologischen oder lexikalischen Kriterien erfolgen (vgl. Bazzanella 1995: 225). Der Gebrauch dieser Elemente ist stark vom sprachlichen und außersprachlichen Kontext abhängig (vgl. ebd.). Auf parasprachlicher Ebene spielt die Intonation eine wichtige Rolle (vgl. ebd.: 230). Nicht selten ist der Gebrauch der SD durch das Zusammenwirken mehrerer pragmatischer Funktionen charakterisiert. So gilt die Polyfunktionalität als eines ihrer Grundmerkmale (vgl. ebd.: 225). Bazzanella differenziert zwischen „polifunzionalità paradigmatica, o *in absentia*" (Bazzanella 2008: 222f.) (ein SD kann je nach Kontext unterschiedliche Funktionen übernehmen) und „polifunzionalità sintagmatica, *in praesentia*" (ein SD weist in einem spezifischen Kontext eine „compresenza di valori a livello funzionale" (ebd.) auf).

Die genannten Charakteristika haben in der Forschungsliteratur immer wieder die Frage aufkommen lassen, ob in Bezug auf die Partikeln überhaupt von ‚Bedeutung' im eigentlichen Sinn die Rede sein kann (vgl. Waltereit 2006: 8f.). Waltereit sieht in dieser Diskussion „nur ein terminologisches Problem", merkt jedoch an, dass die Partikeln in jedem Fall „sprachliche Zeichen" seien „und als solche haben sie eine Inhaltsseite. Insofern können sie nicht ‹bedeutungslos› sein" (ebd.: 8). Die seiner Auffassung nach relevantere Frage, welcher Art die Bedeutung der Partikeln sei, genauer: ob konzeptueller oder pragmatischer Art, beantwortet er wie folgt:

> Kodierte sprachliche Bedeutung muss nicht konzeptuell, sondern kann auch prozedural sein. Schon die Bedeutung grammatischer Einheiten wie Präpositionen kann nur als prozedural beschrieben werden […].
> (Waltereit 2006: 9)

Dieser Sichtweise kann man weitgehend zustimmen. Dennoch ist wohl grundsätzlich nicht von einem vollständigen Verlust des konzeptuell-semantischen Gehalts auszugehen. Eine funktionale Untersuchung der SD hat deren nicht-pragmatische Bedeutung stets zu berücksichtigen. So bevorzugt Bazzanella es, von „„esteriorità' al contenuto proposizionale" zu sprechen, da der „valore semantico ‚centrale'" (Bazzanella 2001a: 44) erhalten bleibe; ja es sei „proprio il ‚nucleo' a permettere la pluralità di usi che entrano in gioco" (ebd.: 45). Lichem geht gar von einem Bedeutungskontinuum aus:

> In manchen Fällen wird es schwierig oder gar unmöglich sein, sich zu entscheiden, ob z.B. *allora* Gliederungssignal oder Zeitadverb ist, es ist durchaus denkbar, daß beide Funktionen erfüllt werden. Ebenso wird man auf Fälle stoßen, in denen die eine Funktion überwiegt, d.h. es gibt nicht ausschließlich ein Entweder (= GS)

und ein Oder (= "ursprüngliche" Bedeutung), sondern durchaus ein Kontinuum von Übergängen.
(Lichem 1981: 68)[12]

Letztlich sieht auch Waltereit die Kontextabhängigkeit der Partikeln nicht absolut, wenn er die „Position eines gemäßigten [Bedeutungs-]Minimalismus" (Waltereit 2006: 12) einnimmt. In jedem Fall spiegelt sich der im Spannungsfeld zwischen Prozeduralität und Konzeptualität, zwischen Kontextbezug und Ausgangsbedeutung stehende Gebrauch der SD auch in der Frage nach ihrer Zuordnung zur *langue-* oder zur *parole-*Ebene wider. Diesbezüglich kann mit Lichem (1981) wie folgt argumentiert werden:

> Da es sich dabei [bei den SD] um Elemente handelt, die einerseits häufig in einer stark individuell bedingten Auswahl aus dem Gesamtinventar in einem Text vorkommen, aber andererseits jedes Mitglied der Sprachgemeinschaft die Fähigkeit besitzt, die Signale zu verwenden und auch richtig zu interpretieren, auch wenn sie ihm ungewöhnlich vorkommen mögen, sind sie der Kompetenz zuzurechnen.
> (Lichem 1981: 66)[13]

Hiermit mag Lichem richtig liegen. Dennoch scheint das Verhältnis der SD zur *langue-*Ebene ein besonderes zu sein. So ist etwa davon auszugehen, dass der konventionelle Gebrauch der nicht-pragmatischen Formen einem Lerner des Italienischen von einem (hinreichend kompetenten) Muttersprachler erklärt werden könnte, wohingegen der „intuitive" Gebrauch der entsprechenden SD (ohne Rückgriff auf linguistische Kenntnisse) vermutlich weder deduktiv noch induktiv erklärbar wäre, sondern vom Lernenden gewissermaßen durch Nachahmung erschlossen werden müsste.

Als grundlegende Eigenschaften der SD gelten, neben den bereits genannten, die folgenden[14]:

---

12 So auch Berretta: „[...] il grado di ‚semanticità' sarà da porre lungo un *continuum* piuttosto che da considerare come tratto binario" (Berretta 1984: 242).

13 Mit Lichem stimmt Khachaturyan überein, die zusätzlich zwischen *langue* und *langage* unterscheidet: „[...] i *sd* sono definiti come unità della lingua (e non del linguaggio) che hanno quindi una loro identità nel sistema della lingua e possono essere definiti come qualsiasi altra unità lessicale" (Khachaturyan 2002: 245).

14 Sämtliche folgende Beispielsätze werden wörtlich aus Bazzanella (1995) übernommen. Anders als im Original werden sie kursiv und die in ihnen vorkommenden SD jeweils fett markiert wiedergegeben.

(1) Sie tragen weder zum propositionalen Gehalt einer Äußerung noch zu deren Wahrheitsbedingungen bei (vgl. Bazzanella 2008: 223).

(2) Sie sind nicht flektierbar (vgl. Waltereit 2006: 1).

(3) Sie sind eliminierbar[15] (und werden deshalb in indirekter Rede ausgelassen oder durch lexikalische Elemente ersetzt, während ihr nicht-pragmatisches Gegenstück unverändert wiedergegeben wird) (vgl. Bazzanella 1995: 226).

(4) Sie sind weder erfragbar noch durch einen vorangestellten Quantor modifizierbar (vgl. ebd.: 229).

(5) Sie verknüpfen Sprechakte miteinander (A: *Gianni è svenuto. –* B: *E ha ripreso conoscenza?*), während ihr nicht-pragmatisches Gegenstück Sachverhalte verbindet (*Giovanni è grande e grosso.*) (vgl. Bazzanella 1995: 226).

(6) Sie können unterschiedliche syntaktische Positionen einnehmen, d. h. sowohl am Anfang, in der Mitte als auch am Ende eines Satzes stehen[16] (*La verità, ecco, non so se posso dirtela*), während dies für ihr nicht-pragmatisches Gegenstück meist nicht gilt (*Ecco la verità*) (vgl. ebd.: 227).

(7) Sie sind meistens (nicht immer) betont und stellen eigene Intonationseinheiten dar (vgl. ebd.).

(8) Sie sind nicht negierbar (vgl. ebd.: 230).

(9) Sind nicht koordinierbar (vgl. Waltereit 2006: 6).

(10) Die Zeitadverbien markieren als SD den Verlauf des Diskurses (*Non siamo poi così lontani dalla verità*), während sie in ihrer ursprünglichen Bedeutung auf das zeitliche Geschehen der äußeren Wirklichkeit verweisen (*Abbiamo messo cento millilitri di sabbia, poi la professoressa ha messo l'acqua*) (vgl. Bazzanella 1995: 226).

(11) Sie sind im Gegensatz zu ihren nicht-pragmatischen Gegenstücken kombinierbar, vgl.: **Dunque, allora**, *potrei parlare dell'ultimo film che ho visto*; **Sono già le dieci e mezza, dunque, allora non verrà* (vgl. ebd.: 227).

(12) Sie können eine eigene Äußerung konstituieren, d. h. sie sind satzwertig (vgl. Waltereit 2006: 6).

(13) Sie drücken die Stellung des Sprechers zum Gesagten aus (vgl. Burkhardt 1982: 140).

Diese Übersicht veranschaulicht zugleich einige funktionale Unterschiede zwischen den SD und ihren nicht-pragmatischen Gegenstücken.

Was den individuellen Gebrauch der SD betrifft, so „incidono sulla scelta di un PF [SD] vari fattori [...]" (Bazzanella 1985: 89). Hierunter fallen zunächst

---

15 Der „Deletionstest" (Lichem 1981: 71) bzw. das Kriterium des syntaktischen Anschlusses kann, wie Lichem zeigt, nützlich sein, um den SD-Status eines Verbalsyntagmas wie *diciamo* zu überprüfen.

16 Generell nimmt man jedoch an, dass sie periphere Positionen (vgl. Waltereit 2006: 6) und vor allem die Initialstellung (vgl. Bazzanella 2001a: 45) bevorzugen.

diastratische Variablen wie „età, professione, sesso […]. Ad esempio: il *praticamente* è diffuso tra gli studenti" (ebd.). Doch auch der idiolektale Aspekt spielt eine wichtige Rolle: „[…] un parlante privilegia ad esempio *non so*, un altro *senti*, un altro *figurati* […] senza esservi portato dal contesto linguistico" (ebd.: 90)[17].

Interessant ist weiterhin, dass Bazzanella für bestimmte „SD in funzione interazionale […] un tempo di ‚insorgenza' ed ‚obsolescenza' abbastanza rapido" (Bazzanella 2005: 139) annimmt. So sei etwa *voglio dire* mit der Zeit von *niente*, dann von *non esiste* verdrängt worden, „caratterizzando usi ‚generazionali' diversi" (ebd.). *Praticamente* hingegen führt sie als Beispiel für solche SD an, die bereits seit geraumer Zeit unverändert häufig gebraucht werden (vgl. ebd.).

1.2.2 Definitionsansätze

Es gibt verschiedene Ansätze, die SD zu definieren, vgl.:

> I **segnali discorsivi** sono quegli elementi che, svuotandosi in parte del loro significato originario, assumono dei valori che servono a connettere elementi frasali, interfrasali, extrafrasali, a sottolineare la strutturazione del discorso, ad esplicitare la collocazione dell'enunciato in una dimensione interpersonale, ad evidenziare processi cognitivi.
> (Bazzanella 2005: 137)

Mit dieser Definition erfasst Bazzanella zunächst inhaltliche Merkmale wie den „Bedeutungsschwund" und die diskursstrukturierende Funktion. Zudem betont sie die interaktionale Ebene sowie den kognitiven Aspekt. Koch/ Oesterreicher (2011) hingegen beziehen ausschließlich funktionale Kriterien der Kommunikation ein und verstehen die Gesprächswörter als diejenigen

> sprachlichen Elemente, die ausschließlich auf Instanzen und Faktoren der Kommunikation verweisen (Kontakt zwischen Produzent und Rezipient, ihre Gesprächsrollen, Diskurs/Text, ‚Formulierung', deiktische Konstellationen, verschiedene Kontexte und Emotionen).
> (Koch/Oesterreicher 2011: 41)

Schließlich hebt Burkhardt (1985) vor allem den sprechaktunterstützenden Aspekt und den interaktionalen Faktor hervor und bestimmt die SD als

---

17 Zum idiolektalen Aspekt vgl. auch Lichem (1981: 78), Bazzanella (2008: 225).

solche lexikalischen Einheiten, die ausschließlich oder überwiegend in der gesprochenen Sprache vorkommen und hier vor allem die thematischen Sprechakte oder die
Ausarbeitung des Verhältnisses der Interaktanten untereinander unterstützen, dabei
aber keinerlei semantischen Gehalt aufweisen, der sich auf die Proposition in einer
anderen Weise bezieht als in der einer ana- oder kataphorischen Wiederaufnahme.
(Burkhardt 1985: 239)

1.3 Funktionskategorien

Im Folgenden sollen in Anlehnung an Koch/Oesterreicher (2011) und
Bazzanella (1995, 2005, 2008) die verschiedenen Funktionstypen der SD[18]
vorgestellt werden. Koch/Oesterreicher bieten einen groben Überblick über
die Funktionskategorien, während Bazzanella eine sehr detaillierte Klassifizierung vorlegt, die sich interessanterweise auf drei verschiedene Makrofunktionsebenen bezieht. So differenziert Bazzanella zunächst zwischen
den Ebenen „*interattività*, che comporta sia ‚allocutività' che ‚dialogicità'"
(Bazzanella 2001a: 46) und „*metatestualità*, che sottolinea la strutturazione
testuale ed organizzativa dell'informazione" (ebd.: 47). In Bazzanella (2005,
2008) führt sie eine dritte Ebene ein, die sie *funzioni cognitive* nennt und
auf die gegen Ende des Kapitels 1.3 eingegangen wird[19]. Die drei Makrofunktionsebenen unterteilt die Autorin wiederum in mehrere Mikrofunkti-
onstypen. Besonders interessant ist hierbei die dialektische Ausrichtung der
funzioni interazionali (vgl. Anhang, Übersicht 1), die zwischen der kommunikativen Rolle des *parlante* und der des *interlocutore* unterscheidet und
diese zugleich in Beziehung zueinander setzt. Dem *interlocutore* wird hierbei
der Status eines „co-autore" zugeschrieben, „che partecipa attivamente alla
costruzione del messaggio" (Bazzanella 1995: 241).

---

18 Die SD stellen bekanntlich ein universalsprachliches Phänomen dar (vgl. Koch/
   Oesterreicher 2011: 41). Im Folgenden werden jedoch nur die SD des Italienischen berücksichtigt.
19 Die tabellarische Übersicht der SD-Funktionen aus Bazzanella (2008) wird im
   Anhang aufgeführt. Sie ist die aktuellste der Autorin, die ich finden konnte. Die
   detaillierte Beschreibung der einzelnen SD-Funktionen in Bazzanella (1995) ist
   bereits stark auf diese tabellarische Übersicht zugeschnitten (lediglich der explizite Bezug zur dritten kognitiven Ebene fehlt hier), sodass sie als Erklärung für
   letztere herangezogen werden kann.

1.3.1 Gliederungssignale

Eine wichtige Funktion der SD ist „die Markierung des Aufbaus mündlicher Diskurse" als „Gliederungssignale" (ebd. Koch/Oesterreicher 2011: 43). Die spontane, „lineare, aggregative Gestaltung" (ebd.) der Nähediskurse erfordert regelmäßige Verweise auf deren Verlauf und Struktur. Solche Verweise kommen sowohl der Produktionsleistung des Sprechers als auch der Rezeptionsleistung des Hörers entgegen, da sie den Gesprächspartnern Orientierung und Zeit bieten. Typische Eigenschaften der Gliederungssignale (= GS) sind, dass sie sich kombinieren können (vgl. ebd.: 47) und dass sie anzeigen, „**dass** ein Diskursabschnitt anfängt oder aufhört, nicht aber immer eindeutig präzisiert wird, **welcher**" (ebd.: 43). Erhebt man die gliedernde Funktion zum distinktiven Merkmal der GS, wie es Koch/Oesterreicher tun, so lässt sich fürs Italienische folgende Einteilung vornehmen:

a) **Anfangssignale** in dialogischen Diskursen: it. *e*, *ma*, *allora*, *sì*, *be'*, *senti*, *guarda*, *sai* etc.
b) **Schlusssignale** in dialogischen Diskursen: it. *no*, *vero*, *eh*, *sai*, etc.
c) **Anfangssignale** in erzählenden Diskursen: it. *e*, *allora*, *poi* etc.
(Koch/Oesterreicher 2011: 47)

Die Autoren betonen dabei jedoch, dass die GS „auch **innerhalb** eines Redebeitrags" (ebd.) vorkommen können.

In der Literatur finden sich verschiedene Ansätze zu weiteren Differenzierungen, da man die Klasse der GS anfangs sehr weit fasste (vgl. ebd.: 45), wie etwa die Einteilung Lichems (1981) zeigt. So zählt Lichem den Sprecherwechsel ankündigende oder einleitende Elemente, Korrektur- und Präzisierungssignale (als Formen der Wiederaufnahme), Überbrückungsphänomene und sogar Hörersignale[20] zu den GS (vgl. Lichem 1981: 69). Ein solcher Ansatz schließt Funktionen mit ein, die die Forschung mittlerweile als eigene Bereiche ausgegliedert hat, da ihre primäre Funktion keine gliedernde ist. So werden beispielsweise einen Sprecherwechsel anzeigende Elemente heute als *turn taking*-Signale (vgl. Koch/Oesterreicher 2011: 47ff.) und die Formen der Wiederaufnahme im Sinne Lichems als Korrektursignale (vgl. ebd.: 56) klassifiziert. Es sei jedoch betont, dass die einzelnen

---

20 Hingegen können Burkhardt zufolge „Hörersignale [...] per definitionem keine Gliederungsfunktion haben" (Burkhardt 1985: 240).

Funktionsbereiche sich keineswegs gegenseitig ausschließen, sondern sich im Gegenteil, wie schon in 1.2 angedeutet, oft überlagern (vgl. ebd.: 46).

In Bazzanellas Modell können die GS (im strengen Sinn) *per definitionem* nur auf der Metatext-Ebene (vgl. Anhang, Übersicht 2) angeordnet werden. Die Metatext-Ebene ist in die Bereiche 1. *demarcativi*, 2. *focalizzatori* und 3. *indicatori di riformulazione* unterteilt, die wiederum zahlreiche Mikrofunktionen umfassen. Mit den *demarcativi* nehme der Sprecher „l'articolazione delle varie parti del testo" in „apertura, proseguimento, chiusura" vor und stelle den „rapporto tra gli argomenti e i temi trattati nel dialogo" (Bazzanella 1995: 246) her. Für die *demarcativo*-Mikrofunktion 1.1.1 *introduzione/ presentazione* gibt die Autorin kein Beispiel, es ist jedoch zu vermuten, dass hiermit Anfangssignale in dialogischen oder narrativen Diskursen wie *allora* gemeint sind.

Für die Mikrofunktion 1.1.2 *passaggio/transizione* ist ein Beispiel in Bazzanella (2005) zu finden, vgl.:

(14)[21] vabbè# è uguale <sp> *comunque*<ee> quest+ / c'ha due<ee> due segnetti
però
(Bazzanella 2005: 151)

Hier soll *comunque* eine „transizione" (ebd.) leisten. Es wird aus diesem Beispiel jedoch nicht klar, welche Mikrofunktion Bazzanella mit der *passaggio-/transizione*-Funktion (dt. ‚Überleitungsfunktion') genau intendiert[22]. So könnte man dem Gebrauch von *comunque* in (14), je nachdem, wie man ihn deutet, sowohl die Funktion ‚Überbrückung von Formulierungsschwierigkeiten' (vgl. 1.3.4)[23] als auch die Funktion ‚Überleitung zu einem neuen Diskursthema' zuschreiben. In der vorliegenden Arbeit wird fortan der Terminus ‚Themenwechselsignal' gewählt, um solche SD zu bezeichnen, die zu einem neuen Diskursthema überleiten. Dies ist notwendig, da kein anderer

---

21 Die Nummerierung der fortan zitierten Beispiele stammt von mir und entspricht nicht der Reihenfolge im jeweiligen Ausgangstext.

22 Weitere Erklärungen oder Beispiele für die *passaggio-/transizione*-Funktion konnte ich in den Texten Bazzanellas nicht finden.

23 Eine überbrückende Funktion schreibt Bazzanella zwar bereits den *riempitivi* zu (vgl. 1.3.4); sie ordnet diese jedoch der interaktionalen Ebene zu (vgl. Anhang, Übersicht 1), sodass ausgeschlossen werden kann, dass die *riempitivi* primär den auf der metatextuellen Ebene anzuordnenden Überbrückungsphänomenen entsprechen.

Terminus aus den Modellen von Koch/Oesterreicher und Bazzanella diese Funktion explizit benennt. Zur Benennung der Überbrückung von Formulierungsschwierigkeiten stehen hingegen geeignete Termini zur Verfügung (vgl. 1.3.4). Was Bazzanella mit der Mikrofunktion *passaggio/transizione* meint, muss hingegen offen gelassen werden. Die Themenwechselfunktion sei anhand des folgenden Beispiels veranschaulicht:

> (15) "In genere ci metto due mesi a capire un corridore, massimo tre. In questo caso sono di più. **Comunque**, parliamo di Sciandri. Tutti a chiedersi se ha vinto un italiano o un inglese, a me basta che abbia vinto un mio corridore".
> („*La Repubblica*" *Corpus*)

Hier gebraucht der Sprecher *comunque*, um den Referenten *Sciandri* als neues Thema einzuleiten.

Senti und *a proposito* hingegen werden oft verwendet, um eine „più o meno breve digressione" (ebd.), d. h. eine thematische Abschweifung (Mikrofunktion 1.1.4) einzuleiten, vgl.:

> (16) Parlante A: Avete fatto buone vacanze?
> Parlante B: Sì grazie, ottime, in montagna. E voi?
> Parlante A: Anche noi, grazie. Senti, avrei bisogno di un favore. (es. reale)
> (Bazzanella 1995: 247)

Der Unterschied zwischen einer thematischen Abschweifung und einem Themenwechsel besteht darin, dass bei einer Abschweifung in der Regel irgendwann wieder zur Hauptebene des Diskurses zurückgeleitet wird, während dies bei einem Themenwechsel nicht vorausgesetzt wird.

Als *segnali di chiusura* (Mikrofunktion 1.1.5) gebraucht, markieren die SD das Ende eines Redebeitrags (vgl. (17)) oder eines Diskursabschnitts (vgl. (18)), wie etwa *insomma* in den folgenden Beispielen:

> (17) Allora era il segretario della Cisnal, oggi è senatore del M.S.I. Insomma, è il capo dei «boia chi molla». (es. reale; trasmissione radiofonica)
> (Bazzanella 1995: 246)

> (18) G: eh e poi c'è accanto a quest'articolo c'è scatto di contingenza no alla Confindustria al tentativo di Marino sempre legato alla economia italiana eh invece nella parte
> A: * sai cos'è la contingenza * *
> G: eh
> A: ah allora te lo dico perché ti faccio questa domanda e ti pesco
> G: mh
> A: in flagrante reato perché voi dovete per le parole più

[...]
A: poi la parola contingenza significa anche un'altra altre cose ma **insomma**
io ti ho detto il significato mh
(*BADIP*)[24]

Auf die Mikrofunktionen 1.1.3 *elenco*, 1.2 *indicatori di citazione e di discorso riportato* und 1.3 *indicatori di rinvio* geht Bazzanella nicht ein.

Weiterhin ist der metatextuelle Bereich der *focalizzatori* den SD mit gliedernder Funktion zuzuordnen. Hierbei hebt Bazzanella zunächst den kognitiven Aspekt hervor: „I segnali discorsivi focalizzatori possono indirizzare o regolare l'elaborazione dell'informazione a livello cognitivo" (Bazzanella 1995: 247). Diese Funktionsbeschreibung gilt in erster Linie dem „*se* nell'uso «correlativo»" („Se Palazzo Chigi piange, il Quirinale non ride. (es. reale)") sowie „*ma* e *si*" (ebd.). Weiterhin bemerkt die Autorin: „Possono inoltre sottolineare i punti focali del discorso: *proprio*, *appunto*, *ecco*, *(ti) dico*, *voglio dire*" (ebd.), vgl.:

> (19) Un anziano, circa due mesi fa è morto, perché è svenuto vicino alla sua
> vasca da bagno, è stato chiamato il medico che appunto non si è prodigato
> urgentemente. (es. reale; trasmissione televisiva)
> (Bazzanella 1995: 247)

Hier hebt *appunto* die diskursive Relevanz der Proposition *il medico non si è prodigato urgentemente* hervor und verweist zugleich anaphorisch auf die vorausgehenden Propositionen *è morto, è svenuto*.

Der dritte metatextuelle Funktionsbereich (*indicatori di riformulazione*) wird in Kapitel 1.3.5 behandelt.

1.3.2 *Turn taking*-Signale

Koch/Oesterreicher zufolge sei der Nähediskurs durch ein „hohes Maß an Dialogizität" (Koch/Oesterreicher 2011: 47) charakterisiert, was sich in abrupten Übergängen von einem Gesprächsschritt zum nächsten äußere. Kontextuelle Rahmenbedingungen wie „Spontaneität", „emotionale[] Beteiligung", „Vertrautheit und physische Nähe der Partner" sowie die „geringe Themenfixierung" spielen dabei eine große Rolle und ermöglichen „*ad hoc*

---

24 Die Hervorhebungen innerhalb der Korpusbelege aus den Korpora *BADIP*, „*La Repubblica*" *Corpus*, *CLIPS* stammen fortan stets von mir.

vollzogene[] Sprecherwechsel" (ebd.), die man als *turn taking* bezeichnet. *Turn taking*-Signale dienen in erster Linie der *turn*-Übernahme. Diese kann unter Umständen in Form einer Unterbrechung des Partner-*turns* erfolgen (vgl. ebd.). Im Modell Bazzanellas entspricht die *turn*-Übernahme ohne Unterbrechung der Mikrofunktion *"presa di turno"* (Bazzanella 1995: 233), die sich auf die Rolle des *parlante* bezieht. Interessant ist, dass die Übernahme mittels Unterbrechung als eigene Funktion bestimmt wird, indem die *"meccanismi di interruzione"* (ebd.: 245) der Rolle des *interlocutore* zugeschrieben werden.

Eine *presa di turno* seitens des *parlante* kann beispielsweise durch Elemente wie *"allora, dunque, ecco, ma, e; pronto, sì* al telefono" (ebd.: 233) realisiert werden:

> (20) [All'inizio di una discussione in classe:] Allora, sapete che il 7 dicembre abbiamo fatto questo consiglio di classe.
> (Bazzanella 1995: 233)

Oft bringt der Sprecher durch den Gebrauch der Signale zugleich seine Haltung zur vorausgehenden Äußerung zum Ausdruck. So kann er etwa Zweifel bezüglich „la rilevanza, la pertinenza, l'esattezza" (ebd.: 234) des Gesagten andeuten, wie im folgenden Beispiel, wo *be'* zur Abschwächung der illokutionären Kraft des zuvor geäußerten Befehls bzw. Ratschlags dient:

> (21) «– Via, Paesetti, sii buono. – Be', vedrò... ma non ci contare troppo.»
> (A. Moravia, *Il disprezzo*, Milano, Mondadori, 1965, p. 48)
> (Bazzanella 1995: 234)

Zudem kann *be'/beh* einen „contrasto/disaccordo con l'interlocutore" (ebd.) abschwächen:

> (22) «"Vorrei essere vicina a morire. Stendermi qua a terra e scivolare a poco a poco nel mare, scivolare all'altro mondo e non sapere più niente." "Beh, questa è esagerazione, no?"» (M. Corti, *L'ora di tutti*, Milano, Feltrinelli, 1962, p. 85)
> (Bazzanella 1995: 234)

Als *meccanismi di interruzione* können *turn taking*-Signale wie *ma, allora, scusa, un momento* und *insomma* (vgl. ebd.: 245) fungieren:

> (23) Parlante A: Altri hanno invece privilegiato un aspetto più tecnico, e cioè hanno + detto*
> Parlante B: +Ma lei difende gli obiettori fiscali per ragioni professionali o perché ci crede? (es. reale; trasmissione televisiva)
> (Bazzanella 1995: 245)

Eine besondere Art der Unterbrechung kann Bazzanella zufolge der Gebrauch von *cioè* bewirken, wenn das SD dem *interlocutore* dazu dient, die vorausgehende Äußerung des *parlante* in eigenen Worten wiederzugeben (vgl. Bazzanella 1995: 246) und somit diskursiv hervorzuheben:

> (24) Parlante A: E oggi quello che io trovo grave è che abbiamo della gente con le stellette; mi va benissimo curare i soldati, ma non avere delle stellette sulle spalle. Questo per me è un tradimento di grossi valori...
> Parlante B: Cioè lei è contro qualunque prelato o prete o sacerdote che abbia le stellette. (es. reale; trasmissione televisiva)
> (Bazzanella 1995: 246)

In anderer Verwendung können *turn taking*-Signale die Beibehaltung des Rederechts bewirken. Dann kommen sie meist „iterierend innerhalb eines – längeren – Redebeitrags" (Koch/Oesterreicher 2011: 48) vor. Diese Funktion kann man als *turn maintaining* bezeichnen (vgl. ebd.).

Eine letzte Differenzierung im Bereich *turn taking* lässt sich in Bezug auf jene SD vornehmen, die „das (potentielle) *turn*-Ende und damit die Abgabe des Rederechts an den Partner" (ebd.) markieren. Typische Elemente in dieser Funktion sind z. B. *eh(?)* (vgl. ebd.: 49) und *no?* (vgl. Bazzanella 1995: 241), vgl.:

> (25) da questo punto di vista l'anno scorso invece era molto più in difficoltà forse era anche più intimidita diciamo **no** *
> (BADIP)

Als „formula stereotipica per dare la parola, propria del registro formale" (Bazzanella 1995: 241) gilt *prego*. In Bazzanellas Interaktionsmodell werden solche SD der Mikrofunktion *cessione del turno* zugeordnet, die keine Entsprechung auf Seiten des *interlocutore* findet.

Der Bereich *turn taking* zeigt generell eine hohe funktionale Affinität zum Bereich der GS. So kommt den *turn taking*-Signalen sekundär stets eine gliedernde Funktion zu (vgl. Koch/Oesterreicher 2011: 48)[25].

---

25 „Es versteht sich von selbst, dass derartige Elemente immer auch als dialogische Gliederungssignale (Anfang) [...] funktionieren" (Koch/Oesterreicher 2011: 48). Zudem sehen die Autoren „Überschneidungen mit Sprechersignalen und Überbrückungsphänomenen, ja sogar mit Abtönungselementen" (ebd.: 49).

1.3.3 Kontaktsignale

Voraussetzung für jede „Art sprachlicher Kommunikation ist der Kontakt zwischen den Partnern" (Koch/Oesterreicher 2011: 50), der stets aufrechterhalten werden muss und Faktoren wie „akustische Wahrnehmung, Verständnis, Aufmerksamkeit, Interesse, Zuwendung" (ebd.) betrifft. In diesem Zusammenhang spricht man auch von der ‚phatischen Funktion'[26] (vgl. ebd.). Koch/Oesterreicher nehmen innerhalb dieses Funktionsbereichs eine zweifache Differenzierung vor. Zunächst unterscheiden sie Sprecher- und Hörersignale und unterteilen diese wiederum in jeweils „starke" und „schwache" Signale (vgl. ebd.: 50ff.).

Zu den Sprechersignalen, „die der Produzent an den Rezipienten richtet" (ebd.: 50), gehören im Italienischen etwa *eh, no, vero, capito, sai, guarda, senti, figurati.* „Starke" Sprechersignale seien solche, mit denen „der Produzent dem Rezipienten eine Reaktion förmlich nahelegt" (ebd.), wie beim auffordernden *senti un po'*[27]. Doch auch explizite Schlusssignale wie *vrai ou faux?* (im Italienischen entsprechend *vero/giusto o no?*) treten in dieser Funktion auf (vgl. ebd.: 51). Sie fordern den Hörer dazu auf, den *turn* zu übernehmen. „Schwache" Sprechersignale hingegen legen den Hörer nicht auf eine bestimmte Handlung fest, können jedoch sehr häufig und „an jeder beliebigen Stelle des Diskurses/Satzes" (ebd.) vorkommen. Es handelt sich um Signale wie *eh?* und *no?*, die mit interrogativer Intonation artikuliert werden (diese ist Voraussetzung für die phatische Funktion, da sie den Hörer miteinbezieht), wie etwa in folgendem Beispiel:

> (26) in Toscana in qualche modo eh voi siete in grado di capire la lingua nazionale quello che viene chiamato italiano standard anche se il toscano esiste # e ve ne siete accorti **no** * quando io vi dico provate a parlare italiano voi dovete stare attenti a modificare delle cose
> (*BADIP*)

---

26 Hierzu Bazzanella: „In questo uso si espande quindi la tradizionale accezione di „fàtico", nel senso che l'apertura e il mantenimento del canale vengono determinati e sottolineati da elementi non solo fisici e psicologici, ma piuttosto da elementi di tipo interazionale, che rendono possibile l'innesco dello scambio comunicativo e ne regolano il proseguimento nella direzione voluta" (Bazzanella 1994: 233).

27 Die Autoren merken an, dass solche Elemente zugleich als *turn taking*-Signale fungieren (vgl. ebd.: 51).

Die Hörersignale hingegen dienen dazu, dem Sprecher gegenüber „Aufmerksamkeit, Zustimmung, Erstaunen etc." (Koch/Oesterreicher 2011: 52) zu signalisieren. Sie zeichnen sich dadurch aus, „dass ihre Verwendung keinen eigenen *turn* ausmacht", ergo die grundsätzliche „Verteilung der Gesprächsrollen" (ebd.: 53) nicht beeinflusst. Dabei handle es sich um Elemente wie *ecco*, *già*, *certo*, *vero*, *appunto* sowie verschiedene Arten von Interjektionen (vgl. ebd.: 52). „Starke" Hörersignale, wie z. B. *vero* oder *ecco*, drücken „über den Kontakt hinaus eine klare inhaltliche Stellungnahme zum Gesagten" (ebd.) aus, vgl.:

> (27) A: vedere $ che insomma nel quale io l'aiuto un po' poco anche con
> C: comunque anche cercargli le parole nel vocabolario e fargli vedere
> A: * ecco * ecco
> C: come si usa il vocabolario
> (*BADIP*)

Besonders interessant erscheinen solche Fälle, in denen die inhaltliche Zustimmung so weit geht, dass sie dem Hörer als kommunikativer Vorwand dient, durch Unterbrechung das Rederecht zu ergreifen; in dieser Weise können etwa *ecco* und *appunto* gebraucht werden (vgl. Koch/Oesterreicher 2011: 52). „Schwache" Hörersignale hingegen dienen lediglich der „permanent-begleitenden Rückkopplung" (ebd.), so z. B. *sì* und *hm*.

Es gilt nun, die Einteilung von Koch/Oesterreicher auf das Modell Bazzanellas zu übertragen. In letzterem entsprechen den starken Sprechersignalen gleich drei interaktionale Mikrofunktionen des *parlante*: 3. *richiesta di attenzione*, 6. *controllo della ricezione* und 7. *assunzione/richiesta di accordo e/o conferma*. Diese Unterteilung Bazzanellas berücksichtigt somit nicht nur das kommunikative Verhältnis von *parlante* und *interlocutore*, sondern auch den interaktionalen Faktor, auf den sich dieses Verhältnis richtet (*attenzione*, *ricezione*, *accordo/conferma*). Unter 3. *richiesta di attenzione* fasst Bazzanella vor allem Imperativformen wie *senti/-a*, *vedi/-e/-a*, *guarda/-i*, *dimmi/dica* etc., aber auch auffordernde Interjektionen wie *ehi* sowie interrogative SD wie *mi segui/-e?* (vgl. Bazzanella 1995: 235). Primär dienen solche Elemente der Aufmerksamkeitseinforderung (vgl. ebd.). Die Autorin weist jedoch auch auf deren potentiellen phatischen Effekt hin: In *senti un po'* unterstreiche *un po'* „la solidarietà tra gli interlocutori" (ebd.). Mit der Mikrofunktion 6. *controllo della ricezione* wird kommunikativen Faktoren wie dem inhaltlichen Verständnis und der akustischen

Wahrnehmung Rechnung getragen, womit der Begriff des Phatischen nun z. T. wieder enger gefasst wird. So vergewissert sich der Sprecher mithilfe von SD wie *eh?*, *capisci?*, *capito?*, dass der Hörer die Äußerung inhaltlich und akustisch verstanden hat (vgl. ebd.: 240), vgl.:

> (28) Prendi la prima strada a destra. Quella, capito?
> (Bazzanella 1995: 240)

Eine wichtige Rolle spielt diese Mikrofunktion „in situazioni in cui manchi il supporto dello scambio faccia a faccia (ad esempio al telefono o alla radio [...])" (ebd.). Schließlich entspricht den starken Sprechersignalen ganz besonders die Mikrofunktion 7. *assunzione/richiesta di accordo e/o conferma*, die z. T. semantisch sehr explizite SD (etwa Nominalphrasen und Verbalsyntagmen wie *non è vero?*, *ti pare?*, *non è così?*, *dico male?*) vorsieht, die dazu dienen, inhaltlichen Konsens zwischen den Partnern herzustellen (vgl. ebd.: 240f.).

Den schwachen Sprechersignalen hingegen sind die „«*Fatismi*»" (ebd.: 236) auf Seiten des *parlante* zuzuordnen, deren Funktion es sei, „«coesione sociale» [...]" herzustellen, „intesa come strumento per creare, consolidare o evidenziare l'appartenenza di un individuo ad un gruppo" (Bazzanella 1995: 236) (womit der Begriff ‚phatisch' nun wieder weiter gefasst und unter dem sozialen Aspekt gedeutet wird). Hierunter fallen Elemente wie *(come) sai, capisci, eh?*, die Ausdruck einer „«conoscenza condivisa» [...] relativamente sia al contesto situazionale e linguistico, che a fatti del mondo" (ebd.: 237) seien. Sie können gemäß den Kriterien von Koch/Oesterreicher insofern als „schwach" gelten, als der Sprecher durch ihren Gebrauch den Hörer nicht auf eine Handlung festlegt. Der Unterschied zwischen starken und schwachen Sprechersignalen sei am Beispiel von *eh?* veranschaulicht:

> (29) Allora alle otto, eh? (Un'infermiera, dando un appuntamento; es. reale)
> (Bazzanella 1995: 240)

> (30) «Ci facciamo onore, eh?» (G. Bassani, *Il giardino dei Finzi-Contini*, cit., pp. 76-77)
> (ebd.: 237)

In (29) erfüllt *eh?* die Funktion, inhaltlichen Konsens zwischen den Partnern im Hinblick auf eine gemeinsame Handlung herzustellen. In (30) ist der Gebrauch eher rhetorischer Art und zielt weniger auf eine inhaltliche

Bestätigung als auf ebenjene „coesione sociale" (ebd.: 236) ab[28]. Außerdem zählt Bazzanella „vocativi parentetici" (wie *caro ragazzo*) und „allocutivi" (ebd.) zu den *fatismi*. Auch sie könnten als schwache Sprechersignale gelten, werden von Koch/Oesterreicher jedoch nicht berücksichtigt.

Als Hörersignale kommen in Bazzanellas Modell zunächst die *back-channels* und die *segnali di conferma dell'attenzione* in Frage, die jedoch in Bazzanella (1995) nicht explizit erwähnt werden. Es scheint so, als würden sie im Unterkapitel „*Attenzione in corso*" (ebd.: 242) zusammengefasst. Dort heißt es zunächst allgemein:

> Se ad un certo punto della comunicazione l'interlocutore non intende prendere il turno, ma anzi vuole segnalare (soprattutto al telefono) l'attenzione in corso, egli conferma la propria disponibilità al proseguimento della comunicazione e la propria partecipazione con segnali discorsivi come *sì* [...], *ti seguo*, o con delle semplici pause piene come *mh* [...].
> (Bazzanella 1995: 242)

Doch worin besteht nun genau der Unterschied zwischen den *back channels* und den *segnali di conferma dell'attenzione*? Es scheint so, als würden letztere sich ausschließlich auf den kommunikativen Faktor der Aufmerksamkeit beziehen, während erstere die Rezeption der sprachlichen und inhaltlichen Gestaltung des Diskurses sowie die Verteilung der Gesprächsrollen betreffen. Dies legt die Übersicht der interaktionalen Funktionen (vgl. Anhang, Übersicht 1) nahe, in der die *back-channels* auf Seiten des Hörers idealerweise den *riempitivi* auf Seiten des *parlante* entsprechen. Mit den *riempitivi* (vgl. 1.3.4) bringt der Sprecher u. a. „difficoltà di pianificazione" (Bazzanella 1995: 234) zum Ausdruck und signalisiert, dass er trotz dieser Planungsschwierigkeiten das Rederecht beibehalten möchte (vgl. ebd.). Demnach ist (idealerweise) anzunehmen, dass der Hörer mit den *back channels* das Rederecht des Sprechers anerkennt und zugleich dessen Produktionsleistung fördert. Dies kann er tun, indem er mit SD wie *mh* oder *sì* signalisiert, dass er die Äußerung des Sprechers verstanden hat,

---

28 (30) zeigt zudem, dass ein schwaches Sprechersignal auch am *turn*-Ende stehen und durchaus „auf eine sprachliche Reaktion des Rezipienten zielen" (Koch/ Oesterreicher 2011: 51) kann. Die potentielle Reaktion auf das *eh?* in (30), z. B. *eh sì*, würde sich jedoch in erster Linie durch ihren phatischen Effekt und nicht durch eine Bestätigung des Inhalts auszeichnen. Koch/Oesterreicher führen nur Beispiele mit *turn*-internen schwachen Sprechersignalen an (vgl. ebd.: 51f.).

sie aus inhaltlicher und diskursiver Sicht akzeptiert und die Verteilung der Gesprächsrollen (weiterhin) anerkennt, vgl.:

> (31) A [...] la figura quindi principale per poter cioè (6c) [6c = indicatore di riformulazione o autocorrezione] per poter apportare quindi questo nuovo rapporto all'interno della società è Napoleone =
> P =mh / ,/ (2')
> (Bazzanella 1994a: 242)

Hier bestätigt eine Lehrerin die Aussage ihres Schülers, indem sie „rassicura l'allievo sull'accettabilità del contenuto proposizionale della sua enunciazione e ne permette il proseguimento" (ebd.: 233). Insgesamt stuft Bazzanella also Elemente wie *mh*, ähnlich wie Koch/Oesterreicher (vgl. 2011: 53), als Rückkopplungssignale ein. Demnach sind die *back-channels*, sowie auch die *segnali di conferma dell'attenzione*, als schwache Hörersignale einzustufen. Die *back-channels* signalisieren zwar z. T. auch eine inhaltliche Bestätigung des Gesagten, stellen jedoch mitnichten „eine klare inhaltliche Stellungnahme" (ebd.: 52) dar. Hierbei ist zu beachten, dass Formen wie *ti seguo* ausschließlich eine *conferma dell'attenzione* signalisieren, während Formen wie *sì* und *mh* sowohl als *segnali di conferma dell'attenzione* als auch als *back channels* verwendbar sind. Zu den schwachen Hörersignalen sind weiterhin die *fatismi* zu zählen, die Bazzanella zufolge nicht nur auf die Rolle des *parlante* beschränkt sind, sondern auch vom *interlocutore* gebraucht werden können, vgl.:

> Sia pure molto meno frequentemente dei corrispettivi fatismi usati dal parlante di turno, a volte si trovano anche dei fatismi usati dall'interlocutore senza prendere il turno, come *so bene* [...], *lo credo* [...], o il vocativo preceduto da *povero/a* [...].

> (32) A. è pesante avere sempre delle scadenze strette/ ,/ =
> B. = so bene/ ,/ =
> A. = anche se quasi tutti sono in questa situazione (-) non mi sembra giusto!

> (33) A. è un periodo tremendo!
> B. lo credo!
> (Bazzanella 1994b: 160)

Den starken Hörersignalen sind offenbar die Mikrofunktionen 6. *acquisizione di conoscenza; richiesta di spiegazione* und 7. *accordo/conferma/rinforzo* zuzuordnen. Die Mikrofunktion 6. *acquisizione di conoscenza; richiesta di spiegazione* umfasst zunächst sämtliche Elemente, die das Verständnis des

Gesagten bestätigen und darüber hinaus die Einstellung des Hörers zum Ausdruck bringen, wie etwa *sì, (ho) capito, ah, ooh, aah, eh, ecco, ma pensa, non me lo dire* (vgl. Bazzanella 1995: 244). Zudem schließt die Mikrofunktion 6 solche SD mit ein, die dazu dienen, Verständnisprobleme zu beheben, indem sie den *parlante* zur (erneuten) Erklärung des propositionalen Gehalts verpflichten, so z. B. *cioè?, eh?, ad esempio?, come?, cosa?* (vgl. ebd.: 245). Schließlich kann der *interlocutore*, der Mikrofunktion 7. *accordo/conferma/ rinforzo* entsprechend, mit SD wie *sì, già, (va) bene, esatto, giusto, certo, assolutamente, perfetto, come no* etc. zum Ausdruck bringen, dass er mit der Äußerung des Sprechers in hohem Maße einverstanden ist bzw. diese explizit bestätigt (vgl. ebd.: 242):

> (34) Parlante A: Questa storia questa storia delle lucciole bisogna spiegarla...
> Parlante B: Assolutamente (es. reale; trasmissione televisiva)
> (Bazzanella 1995: 243)

Einen „accordo parziale, se non perplessità" hingegen erzeugt in bestimmten Kontexten der Gebrauch von *eh be', mah, insomma*, wie in folgendem Beispiel:

> (35) Parlante A: Allora siamo d'accordo?
> Parlante B: Insomma, io preferirei vederci più chiaro. (es. reale)
> (ebd.)

1.3.4 Überbrückungsphänomene

Der von Koch/Oesterreicher bestimmte Funktionsbereich der Überbrückungsphänomene (auch *hesitation phenomena* genannt) zeichnet sich durch „Verfahren und Elemente" aus, die „den Formulierungsvorgang in den Diskurs hinein[]tragen" (Koch/Oesterreicher 2011: 54). Hierbei ist zu beachten, dass Überbrückungsphänomene ausschließlich Formulierungsschwierigkeiten „in der Prospektive" (ebd.) betreffen. Zur Überbrückung der Formulierungsprobleme können leere oder gefüllte Pausen, aber auch bestimmte SD dienen, die „materiell sehr häufig mit Gliederungssignalen bzw. mit *turn-taking*-Signalen zusammenfallen" (ebd.: 55). Charakteristisch für den Gebrauch überbrückender SD ist die lautliche Dehnung des Endvokals sowie die Kopräsenz leerer oder gefüllter Pausen (vgl. ebd.).

Bazzanella spricht in diesem Zusammenhang von „„riempitivi'"[29], die auf eine „difficoltà di pianificazione" (Bazzanella 1995: 234) des Sprechers hindeuten und üblicherweise vor oder hinter leeren oder gefüllten Pausen auftreten. So etwa *praticamente* im folgenden Beispiel:

> (36) Parlante A: Dante vuole ad un certo punto ammonire eh ammonire l'umanità
> e in particolare chi?
> Parlante B: In particolare praticamente eh le due autorità che sono poste a
> capo dello Stato cioè la chiesa e l'Impero. (es. reale; interrogazione scolastica)
> (Bazzanella 1995: 234)

Die Hauptfunktion der *riempitivi* scheint jedoch in der Wahrung des Rederechts zu bestehen – „per mantenere la parola" (Bazzanella 2005: 140) – und somit den interaktionalen Bereich zu betreffen; hierin ähneln die *riempitivi* wiederum den *turn maintaining*-Signalen (vgl. 1.3.2). Zudem fügt Bazzanella einen kognitiven Aspekt hinzu, indem sie anmerkt, dass SD wie *non so* in manchen Fällen einen „stato psicologico particolare (stanchezza, ansietà, tensione, ecc.)" sowie einen „senso di disorientamento" (Bazzanella 1995: 235) des Sprechers ausdrücken können. Weitere *riempitivi* seien *cioè, come (posso) dire?, per così dire* und *diciamo* (vgl. ebd.).

Auch die Überbrückungsphänomene zeichnen sich, wie bereits angedeutet, durch eine gewisse funktionale Affinität zu den *turn maintaining*-Signalen aus:

> In funktioneller Hinsicht gilt, dass zwar Überbrückungsphänomene nicht immer
> gleichzeitig auch für Gliederung und *turn-taking* relevant sind [...], dass aber
> Gliederungs- bzw. *turn-taking*-Signale sehr häufig eine Überbrückungsfunktion
> haben und/oder von Überbrückungsphänomenen begleitet sind [...].
> (Koch/Oesterreicher 2011: 55)

Bezüglich der lexikalischen Elemente, die Überbrückungs- bzw. *riempitivo*-Funktion haben können, stimmen Bazzanella (*come dire?, diciamo, non so, cioè, praticamente* (vgl. Bazzanella 1995: 234f.)) und Koch/Oesterreicher (*non so, diciamo, allora* (vgl. Koch/Oesterreicher 2011: 55)) tendenziell überein.

---

29 Sie distanziert sich jedoch durch die Anführungsstriche von dem Terminus, der früher eine abwertende Bezeichnung für die gesamte Klasse der SD darstellte, und räumt an anderer Stelle dessen Unangemessenheit ein: „[...] la etichetta ,riempitivi', di cui non sono soddisfatta [...]" (Bazzanella 2001a: 47).

Aufgrund der bestehenden terminologischen Vielfalt scheint eine Zusammenfassung der Begrifflichkeiten notwendig:

(37) **Überbrückungsphänomene** (metatextuelle Ebene): zeigen Formulierungsschwierigkeiten in der Prospektive an; zeichnen sich meist durch die lautliche Dehnung des Endvokals sowie durch die Kopräsenz leerer oder gefüllter Pausen aus; können zudem der Wahrung des Rederechts auf interaktionaler Ebene dienen

turn maintaining-**Signale** (interaktionale Ebene): dienen der Wahrung des Rederechts und kommen typischerweise iterierend innerhalb eines längeren Redebeitrags vor; haben häufig zugleich eine überbrückende Funktion auf metatextueller Ebene

riempitivi (interaktionale Ebene): dienen der Wahrung des Rederechts; zeigen Formulierungs- bzw. Planungsschwierigkeiten auf metatextueller Ebene an; treten oft zusammen mit leeren oder gefüllten Pausen auf; können Ausdruck eines „stato psicologico particolare (stanchezza, ansietà, tensione, ecc.)" (Bazzanella 1995: 235) sein

Die drei Begriffe überschneiden sich bis zu einem gewissen Grad. Hierbei scheinen die *riempitivi* den generischsten Begriff darzustellen; zudem sind sie durch einen zusätzlichen kognitiven Aspekt charakterisiert. Für die vorliegende Arbeit wird die folgende Terminologie festgelegt: Der *riempitivo*-Begriff wird aufgrund seiner weiten Definition (und aufgrund seiner pejorativen Konnotation) im Folgenden nicht weiter verwendet. Der erwähnte kognitive Aspekt geht hierbei nicht verloren, sondern wird in Kapitel 2.1.2 in anderer Weise aufgegriffen werden. SD, die eine überbrückende Funktion ausüben, werden fortan Überbrückungs**signale** (= ÜS) genannt; hierdurch werden sie terminologisch von anderen Überbrückungsphänomenen wie leeren oder gefüllten Pausen unterschieden. Der Begriff ‚*turn maintaining*-Signal' wird der Definition von Koch/Oesterreicher entsprechend übernommen. Die terminologische Beschränkung auf die Begriffe ‚Überbrückungssignale' und ‚*turn maintaining*-Signale' ermöglicht es, zwischen der metatextuellen[30] und der interaktionalen Funktionsebene zu unterscheiden, die im *riempitivo*-Begriff

---

30 Koch/Oesterreicher ordnen die Überbrückungsphänomene zwar nicht explizit, aber doch indirekt der metatextuellen Ebene zu, da sie die Hauptfunktion dieser Elemente in der Überbrückung von Formulierungsschwierigkeiten sehen und Formulierungsvorgänge *per definitionem* die Metatextebene betreffen.

hingegen weitgehend zusammenfallen (obwohl Bazzanella (2008) die *riempitivi* nominell der interaktionalen Ebene zuordnet).

1.3.5 Korrektursignale

Formulierungsproblemen in der Retrospektive wird durch Korrekturverfahren entgegnet. Eine Korrektur kann zum einen schlicht durch Abbruch, zum anderen durch SD wie *insomma, cioè, diciamo, eh* realisiert werden (vgl. Koch/Oesterreicher 2011: 57), wie etwa in folgendem Beispiel:

> (38) il disegno di legge **cioe'** la proposta di legge che possono fare uno di questi cinque soggetti eh per essere valida per essere ammissibile eh # deve essere specificata in tutte le sue parti che cosa vuol dire *
> (*BADIP*)

Von den Korrektursignalen unterscheiden die Autoren SD mit präzisierender Funktion. Eine Korrektur bestehe darin, „lautliche, morphosyntaktische oder lexikalische, also rein sprachliche ‚Fehlgriffe' rückgängig" zu machen, während eine Präzisierung in Form von „sachlich-inhaltliche[n] Klarstellungen" (Koch/Oesterreicher 2011: 57) erfolge. Eine solche Klarstellung leistet etwa das *se non* im folgenden Fall:

> (39) però una volta presentato questo $ dopo diversi mesi **se non** un anno e mezzo viene chiamato a visita medica
> (*BADIP*)

Eine Korrektur bzw. Präzisierung könne grundsätzlich auch durch den Hörer entweder ausgelöst oder aber selbst realisiert werden (vgl. Koch/Oesterreicher 2011: 57).

Zudem wird darauf hingewiesen, dass der seine Formulierungsschwierigkeiten bemerkende Sprecher im Nähediskurs keineswegs immer dazu verpflichtet bzw. in der Lage sei, sich selbst zu korrigieren (vgl. ebd.: 58). Im Gegenteil könne er seine Schwierigkeiten durch „Unsicherheits- bzw. Ungenauigkeitssignale" (ebd.) wie *non so, insomma, e cosa* versprachlichen. Auf die Ungenauigkeitssignale wird in Kapitel 1.3.6 erneut eingegangen.

Eine andere Art der Differenzierung nimmt Bazzanella vor, indem sie zunächst allgemein die *indicatori di riformulazione* als Funktionsbereich auf der metatextuellen Ebene bestimmt. Die *indicatori di riformulazione* unterteilt sie in die Mikrofunktionen „i) *parafrasi* (quando si mantiene la corrispondenza tra i due elementi interessati)", „ii) *correzione* (quando non si mantiene la corrispondenza)" und „iii) *esemplificazione* (quando un elemento è sovraesteso rispetto a quello usato per esemplificarlo)" (Bazzanella 1995: 248). Zu den i) *indicatori di parafrasi* werden SD wie *cioè, diciamo, voglio dire, in altre parole* gezählt, vgl.:

> (40) Anche persone che in teoria dovrebbero essere addestrate a cogliere segnali di menzogna, falliscono, cioè non riescono a ottenere percentuali superiori al caso. (es. reale; trasmissione televisiva)
> (Bazzanella 1995: 248)

In diesem Beispiel wird eine „corrispondenza" (ebd.) zwischen den Propositionen *falliscono* und *non riescono a ottenere percentuali superiori al caso* durch das SD *cioè* hergestellt. Hierbei stellt die zweite Proposition eine Umschreibung der ersten dar. Wichtig ist, dass es sich bei dieser Umschreibung um eine inhaltliche Erklärung handelt. Dies unterscheidet die *parafrasi-* von der iii) *esemplificazione*-Funktion, die eben keine Erklärung, sondern eine beispielhafte Veranschaulichung vorsieht, vgl.:

> (41) In Italia qualsiasi esercizio pubblico, mettiamo un negozio di parrucchiere, ha un giorno di chiusura infrasettimanale. (es. reale)
> (Bazzanella 1995: 249)

Hier stellt das Segment *un negozio di parrucchiere* eine beispielhafte Veranschaulichung des Segments *esercizio pubblico* dar; die Segmente werden durch das exemplifizierende *mettiamo* verbunden. Weitere SD in dieser Funktion sind *facciamo, diciamo, prendiamo, per/ad esempio* (vgl. Bazzanella 1995: 249). Eine ii) *correzione* erfolgt hingegen, wenn das zuvor Gesagte zunächst verworfen und daraufhin berichtigt wird. Hierzu werden Elemente wie *diciamo, insomma, cioè, non so, no* (vgl. ebd.: 248) gebraucht, vgl.:

> (42) Bravo. Be', bravo è troppo. Diciamo diligente. (es. reale)
> (Bazzanella 1995: 248)

Wie Koch/Oesterreicher unterscheidet zudem auch Bazzanella zwischen Korrektur und Präzisierung: „In alcuni casi, più che di vera e propria correzione, si tratta di raggiungere una maggiore precisione […]" (ebd.: 249). Diese Funktion schreibt sie *insomma* zu:

> (43) Hanno risposto a questo concorso cento ragazzi, insomma giovani. (es. reale)
> (Bazzanella 1995: 249)

Insgesamt stellen die *indicatori di parafrasi* und die *indicatori di esemplificazione* eine nützliche Ergänzung zu den Korrektursignalen von Koch/ Oesterreicher dar.

1.3.6 *Meccanismi di modulazione*

Es gibt eine Gruppe von SD, die Bazzanella (1995) unter dem Begriff ‚*meccanismi di modulazione*‘ zusammenfasst. Hierunter fallen Elemente, die:

(44) die Abschwächung des propositionalen Gehalts einer Äußerung bewirken, z. B. *più o meno, tipo, una specie di, praticamente* (vgl. Bazzanella 1995: 238);

(45) die Verstärkung des propositionalen Gehalts einer Äußerung bewirken, z. B. *proprio, davvero, bello* (vgl. ebd.);

(46) die diskursive „Macht" von *parlante* oder *interlocutore* betreffen, z. B. *secondo me* oder *se lei mi permette* (vgl. ebd.: 239);

(47) als Einstellungsoperatoren fungieren (*guarda, sai*) (vgl. Bazzanella 2005: 149);

(48) Höflichkeit (im Sinne von Brown/Levinson (1987)) ausdrücken, z. B. *se vuole, un po', direi* (vgl. Bazzanella 1995: 239f.).

In der SD-Klassifizierung in Bazzanella (2001a) waren die *meccanismi di modulazione* noch als interaktionale Mikrofunktion 5 des *parlante* (ohne Entsprechung auf Seiten des *interlocutore*) angesetzt (vgl. Bazzanella 2001a: 59). In Bazzanella (2005, 2008) sind nur noch die *meccanismi di cortesia* (vgl. Anhang, Übersicht 1) an dieser Stelle zu finden. Die *meccanismi di modulazione* hingegen wurden der neu eingeführten Makrofunktionsebene der *funzioni cognitive* zugeordnet (vgl. Anhang, Übersicht 3). Neben den iii) *meccanismi di modulazione* gehören zudem die i) *indicatori procedurali* und die ii) *indicatori epistemici* zu den *funzioni cognitive*, auf die gegen Ende dieses Unterkapitels eingegangen wird.

Der oben gelieferte Überblick über die den *meccanismi di modulazione* angehörenden Elemente deutet bereits an, wie weit Bazzanella den Begriff ‚*modulazione*‘ bzw. ‚*modalizzazione*‘[31] fasst:

È diversa l'accezione di 'modalità' usata dai filosofi (più stretta, limitata fondamentalmente a quella deontica ed epistemica, cfr. già Aristotele) e dai linguisti (più ampia) [...].
(Bazzanella 2001a: 48)

---

31 Die Begriffe ‚*modulazione*‘ und ‚*modalizzazione*‘ verwendet sie synonym.

Es sei jedoch darauf hingewiesen, dass sich in der Literatur verschiedene Konzeptionen von ‚Modalität' finden lassen[32] und dass es sich hierbei um eine semantische Kategorie handelt, die in der Frage nach der Abgrenzung der SD von anderen Wort- oder Funktionsklassen z. T. eine wichtige Rolle spielt. So kann sich die Modalität beispielsweise entweder auf den propositionalen Gehalt einer Äußerung oder aber auf eine nicht-propositionale Sprechereinstellung beziehen. Dies veranschaulicht Meibauer (2008), indem er in Anlehnung an Kiefer (1987) drei Ebenen der Modalität unterscheidet:

(a) Modalität als Ausdruck von Möglichkeit und Notwendigkeit
(b) Modalität als Ausdruck von propositionalen Einstellungen
(c) Modalität als Sprechereinstellung
(Meibauer 2008: 76)

Von diesen drei Ebenen sei allein (c) nicht-propositional. Die Ebenen (a) und (b) hingegen seien propositional, da hier die Modalität mit den Wahrheitsbedingungen der Äußerung zusammenfalle (vgl. ebd.). So ist z. B. in dem Satz *Es ist möglich, dass du gewinnst* die ausgedrückte Möglichkeit des Gewinnens Teil der Wahrheitsbedingungen im Sinne von (a), da die Äußerung falsch wäre, wenn die Möglichkeit nicht bestünde (vgl. ebd.). Die Modalitätsebene (b) sieht vor, dass die Einstellung des Sprechers selbst Teil der Wahrheitsbedingungen ist, wie etwa das Wissen des Sprechers in dem Satz *Ich weiß, dass die Erde rund ist* (vgl. ebd.). Der Modalitätsebene (c) entsprechen Äußerungen wie *Hoffentlich kommt Nastassja nicht zu spät* und *Ingo hat halt keinen Bock*, wo das Satzadverb *hoffentlich* und die Modalpartikel *halt* keinen Beitrag zu den Wahrheitsbedingungen leisten (vgl. ebd.: 77). Folgt man der Einteilung Meibauers, so kann sich Bazzanellas *modulazione* allein auf die Modalität im Sinne von (c) (Modalität als Sprechereinstellung) beziehen, da, wie in 1.2.1 gesehen, ein grundlegendes Merkmal der SD die „esteriorità al contenuto proposizionale" (Bazzanella 2001a: 45) ist. Dies verdeutlicht auch das folgende Zitat:

[...] la modalità riguarda soprattutto l'espressione di atteggiamenti soggettivi del parlante in relazione sia al contenuto proposizionale [...], che ai poteri sia del parlante che dell'interlocutore [...], che a stati emotivi specifici [...].
(Bazzanella 2001a: 48)

---

32 Schon Burkhardt bezeichnet die Modalität (und die Abtönung) als „diffuse Konzepte" (Burkhardt 1985: 242).

Zwar ist hier die Rede von einem Bezug der „atteggiamenti soggettivi del parlante" zum „contenuto proposizionale", jedoch ist damit keine Modifikation desselben gemeint, sondern lediglich eine Abschwächung oder Verstärkung (vgl. (44), (45)). Insgesamt versteht Bazzanella die SD als „potente meccanismo modale" (ebd.: 41) und setzt sie an anderer Stelle, wenn auch eher beiläufig erwähnt, in Bezug zu den *„Modalpartikeln* tedesche, che si sovrappongono, ma solo parzialmente, agli SD" (Bazzanella 2008: 223). Der Hinweis „ma solo parzialmente" ist ein wichtiger, wirft jedoch zugleich die Frage nach der funktionalen Abgrenzung auf; genauer: die Frage nach der „Grenze" zwischen der *modulazione* im Sinne Bazzanellas und dem komplexen germanistischen Konzept der Abtönung (vgl. 1.3.7.2).

Es folgen einige Beispiele für die unter (44)-(48) aufgeführten *meccanismi di modulazione.* So wird eine Abschwächung des propositionalen Gehalts einer Äußerung gemäß (44) oft durch approximative Ausdrücke herbeigeführt, die meist die „dimensione relativa alla precisione" (Bazzanella 1995: 238) betreffen:

> Come indicatori di riduzione della precisione rispetto al contenuto proposizionale si possono usare *praticamente*, che può lessicalizzare l'incertezza [...], *circa, in qualche modo, in un certo senso* [...], *a dir poco*, in cui compare una dimensione quantitativa [...].
> (Bazzanella 1995: 238)

Für *praticamente*, „che può lessicalizzare l'incertezza", kann folgendes Beispiel angeführt werden:

> (49) Saussure **praticamente** è vissuto nel millenovecento... (segue il silenzio dello studente; es. reale; esame universitario)
> (ebd.)

Hierbei können SD wie *diciamo, per così dire* etc. auch „la mancanza di precisione nella formulazione del contenuto proposizionale" oder „la non completa adeguatezza dell'espressione usata" (ebd.) anzeigen. SD, die eine dieser Formen der Abschwächung ausüben, werden fortan *Ungenauigkeitssignale* genannt. Hiermit wird ein Terminus aus Koch/Oesterreicher (2011) verwendet (vgl. 1.3.5), der jedoch im Folgenden anders interpretiert wird. Die Autoren verstehen unter ‚Unsicherheits-' und ‚Ungenauigkeitssignalen' allgemein die Versprachlichung der Unfähigkeit bzw. der mangelnden Bereitschaft des Sprechers, die eigenen Formulierungsschwierigkeiten zu beheben,

z. B. mit SD wie *non so, e cosa* (vgl. Koch/Oesterreicher 2011: 58)[33]. In der vorliegenden Arbeit wird unter dem Signalisieren von Ungenauigkeit hingegen die Abschwächung des propositionalen Gehalts in Form einer „riduzione della precisione" (Bazzanella 1995: 238) verstanden.

Verstärkend-präzisierenden Effekt in Bezug auf den propositionalen Gehalt gemäß (45) haben hingegen SD wie *proprio*, *appunto* und *davvero*:

(50) A: e le dirò di più non è soltanto buona buona volontà perché c'è anche quella naturalmente ma c'è **proprio** un miglioramento nell'esposizione orale (*BADIP*)

(51) È appunto quello che ho detto.
(Bazzanella 1995: 238)

In (50) verstärkt bzw. präzisiert *proprio* das propositionale Element *un miglioramento*, während sich *appunto* in (51) auf die gesamte Proposition bezieht. Die beiden SD fungieren zugleich als *focalizzatori* (vgl. ebd.). Weiterhin liefert Bazzanella interessante Beispiele für die Steigerung und die Beschränkung der diskursiven Macht des Sprechers gemäß (46). Hierzu kann etwa der unterschiedliche Gebrauch von *secondo me* dienen:

(52) Non so, ma forse, secondo me, potresti tentare.

(53) Secondo me, le cose stanno esattamente in questi termini.
(Bazzanella 1995: 239)

An anderer Stelle zählt Bazzanella zudem sogenannte Einstellungsoperatoren wie *guarda*, *sai* zu den *modalizzatori* (vgl. (47)). So sei im folgenden Beispiel *guarda* zusammen mit dem durch *facciamo* akzentuierten *noi inclusivo* Ausdruck „dello sforzo e della esplicitazione di cooperazione" (Bazzanella 2005: 149):

(54) facciamo, no, guarda# allora guarda, <inspiration> tutte le onde alla sinistra della papera
(Bazzanella 2005: 149)

Meiner Ansicht nach zeigt eine solche Funktionsbeschreibung von *guarda* als *modalizzatore*, wie weit das Verständnis von Modalität als Sprechereinstellung reichen kann. So stellt das *modalizzazione*-Modell Bazzanellas

---

33 „Die häufig auftretenden **Unsicherheits**- oder **Ungenauigkeitssignale** [...] sind geradezu ein Eingeständnis des Produzenten, dass er seine Formulierungsschwierigkeiten nicht beheben **kann** oder **will**" (Koch/Oesterreicher 2011: 58f.).

letztlich ein z. T. unscharf gefasstes Konzept dar. Der Gebrauch von *guarda* in (54) scheint mir in erster Linie nicht kognitive, sondern interaktionale Funktionen, etwa als *richiesta di attenzione* oder als *fatismo*, zu erfüllen.

Schließlich können die SD gemäß (48) als *meccanismi di cortesia* gebraucht werden, „per evitare effetti conflittuali, o con lo scopo di non mettere in difficoltà o in imbarazzo l'interlocutore" (Bazzanella 1995: 239), vgl.:

> (55) F: ecco il sole di mezzanotte e dopo e dopo riscendere giu' giu' eh in Finlandia e andare a vedere Helsinki Helsinki
> A: ecco io **direi** un attimino invece abbiamo Simone che è appassionato di pesca non vorrebbe andare a far qualcosa lassu' * che cosa di particolare *
> (*BADIP*)

Hier gebraucht A *direi*, um den Kontrast zwischen der eigenen Aussage und der Aussage von F abzuschwächen. Eine ähnliche Funktion kam *beh* in (22) zu. Interessant erscheint in diesem Zusammenhang auch die generell häufig zu sehende Kombination von *sì* und *no*, in der Kenda (2008) zufolge *sì* die Funktion habe, die durch *no* ausgedrückte Divergenz vorab zu minimieren (vgl. Kenda 2008: 140):

> (56) E: ma quindi per dire in un film d'autore eh cioè la sceneggiatura sono venti tomi cioè un film che cambia spesso scena
> B: %
> A: **sì no** per esempio io non metto nella sceneggiatura poni la macchina inquadra prima Luciana eh panoramica a destra verso Roberto panoramica a sinistra verso eh verso Patrizia
> (*BADIP*)

Als weitere Unterfunktionen der *funzioni cognitive* versteht Bazzanella, wie eingangs erwähnt, die *„indicatori procedurali (relativi ai processi cognitivi, ad es. inferenze)"* und die *„indicatori epistemici (relativi alla soggettività del parlante ed al* commitment)" (Bazzanella 2005: 141). Die *indicatori procedurali* zeigen oft Inferenzen des Sprechers an (vgl. ebd.: 154), wie etwa *allora* und *quindi* in den folgenden Beispielen:

> (57) **allora** novantasette grammi non bastano # a testa # # non viene tanta ne devo comprare di più

> (58) e **quindi** può darsi che abbia pure questa difficoltà di organizzarsi
> (*BADIP*)

Auf SD mit prozeduraler Bedeutung wird in Kapitel 1.3.7.3 ausführlicher eingegangen. Als *indicatori epistemici* können Bazzanella zufolge Verbalsyntagmen wie *penso*, *credo* fungieren (vgl. Bazzanella 2005: 154), vgl.:

(59) C: in campagna oppure in centro *
      D: sì lì vicino **credo** dove c'è quel palazzo $

(60) B: a che ora son andati via ieri sera $ $ *
      A: alle dieci alle dieci **penso**
      (*BADIP*)

SD dieser Art betreffen das *commitment*: Durch sie legt der Sprecher den „grado di impegno a sottoscrivere l'enunciato" (Bazzanella 1995: 239) fest; anders gesagt, er drückt aus, inwieweit er den Wahrheitsgehalt seiner Aussage garantiert. Weitere SD in dieser Funktion können *direi, se non sbaglio, forse, magari, naturalmente, come tutti sanno* etc. (vgl. ebd.) sein.

1.3.7 Zur Abgrenzung der *segnali discorsivi* als eigene Funktionsklasse

Einen erschöpfenden Überblick über die einzelnen Elemente der SD-Klasse zu geben, erscheint unmöglich. Es sollte klar sein, dass es sich aus quantitativer Sicht um eine „classe aperta" (Berretta 1984: 243) handelt und dass die Polyfunktionalität sowie die hohe Kontextabhängigkeit der SD den Versuch einer endgültigen „delimitazione della categoria, per così dire, ,dal basso'" (ebd.: 246), d. h. gegenüber den Elementen der klassischen Wortarten, scheitern lässt. Auch die immer wieder aufkommende Diskussion, ob man die SD nun – wie es Burkhardt fordert (vgl. Burkhardt 1982: 138ff.) – als eigene Wortart zu verstehen habe oder nicht, stellt wohl eher ein terminologisches Problem dar. Von größerer Bedeutung ist hingegen die Frage der funktionalen Abgrenzung der SD-Klasse: Gibt es noch andere Arten von Partikeln, die ähnliche Funktionsweisen wie die SD aufweisen? (Wie) können sie typologisch-funktional von den SD abgegrenzt werden?[34]

---

34 Es sei an dieser Stelle auf den von der vorliegenden Arbeit konzeptuell abweichenden Klassifizierungsansatz von Imo (2012) hingewiesen. Imo, der vom Deutschen ausgeht, stellt die Wortart-Frage in Bezug auf die Diskursmarker, die er als Untergruppe der allgemeinen Klasse der Diskurspartikeln (bzw. SD) sieht (vgl. Imo 2012: 82). Er versteht Diskursmarker als sehr reduzierte, invariable Einheiten, die stets in der Vor-Vorfeldposition auftreten und deren wichtigste Funktion die Projektion und die Kontexteinbettung einer Äußerung ist (vgl. ebd.: 79).

1.3.7.1 Interjektionen

So herrscht etwa in der Literatur bis heute keine einheitliche Auffassung darüber, ob die Interjektionen den SD angehören oder nicht. Meist werden sie ihnen „im weiten Sinne" zugeordnet (wie bei Schwitalla (2012), vgl. 1.1). Koch/Oesterreicher (2011) weisen jedoch darauf hin, dass „Status und Umfang der Kategorie ‚Interjektion' [...] nach wie vor umstritten" (Koch/Oesterreicher 2011: 61) seien, da beispielsweise ungeklärt bleibe, ob es sich um eine eigene Wortklasse handle und ob deren Elemente satzwertig und ins Sprachsystem integriert seien. Ein prinzipieller Unterschied zwischen den Interjektionen und den SD ist sicherlich, dass ersteren ein nicht-pragmatisches Gegenstück fehlt (außer im Fall der sekundären Interjektionen (vgl. ebd.)) und somit ihre Funktion im Text nicht unter teilweisen Rückschluss auf ihre „ursprüngliche" Bedeutung analysierbar ist. Davon abgesehen sind die Interjektionen jedoch als funktionale Äquivalente (vgl. ebd.: 68) der SD zu betrachten, da sie vielen der bisher beschriebenen Funktionstypen zugeordnet werden und auf allen drei Makrofunktionsebenen Bazzanellas fungieren können. Man denke etwa an den interaktionalen Gebrauch von *eh* als Kontakt- oder *turn* abgebendes Signal (vgl. 1.3.2, 1.3.4). Den metatextuellen Gebrauch von *boh* zeigt das folgende Beispiel:

(61) A: che pero' sono importanti perche' si' insomma perche' noi supponiamo ci sia dentro un disegno comunicativo e che non ci sia inserzione qua e la' di qualche appunto inquadratura particolare che catturi o in cui l' annunciatore si dichiari con particolar forza # **boh** e poi appunto tornando alle cose di prima non lo so
(*BADIP*)

Obwohl er insgesamt einen ziemlich spezifischen Merkmalkatalog erstellt (vgl. ebd.: 52ff.), kommt er zu dem Schluss, dass Überschneidungen mit anderen Kategorien, wie z. B. den Projektorkonstruktionen, unvermeidbar sind (vgl. ebd.: 66). Diesen Abgrenzungsproblemen stellt er schließlich einen originellen Lösungsansatz entgegen, der sich, wie Imo zeigt, gar auf die gesamte Kategorie der Diskurspartikeln (bzw. SD) anwenden lässt und aus zwei Komponenten besteht: 1. der Berücksichtigung des Körnigkeits-Prinzips (vgl. ebd.: 77); 2. einem konstruktionsgrammatischen Beschreibungsansatz (vgl. ebd.: 78f.). Ein solcher Lösungsansatz ermöglicht es, die jeweils typischen Merkmale der verschiedenen SD-Untergruppen zu identifizieren und zugleich die z. T. fließenden Übergänge zwischen den einzelnen Kategorien zu berücksichtigen. Für nähere Erläuterungen vgl. Imo (2012: 77-85).

Boh markiert hier den Abschluss einer Argumentationskette und schafft so die Voraussetzung für einen Themenwechsel; zudem drückt es eine leicht resignative Haltung des Sprechers aus. Auf kognitiver Ebene kann, wie gesehen, die sekundäre Interjektion *beh* als *modalizzatore* fungieren und Höflichkeit gemäß (48) ausdrücken (vgl. (22)). Man denke zudem an den emphatischen Gebrauch der Interjektion *öh*, die den propositionalen Gehalt einer vorgängigen Äußerung gemäß (45) verstärkt. Aufgrund dieser weitgehenden funktionalen Äquivalenz sind die Interjektionen als Teil der SD-Klasse anzusehen.

1.3.7.2 Abtönungspartikeln

Weitaus schwieriger gestaltet sich hingegen die Frage nach der Abgrenzung der Abtönungspartikeln bzw. Modalpartikeln[35] von den SD[36]. Für die vorliegende Arbeit ist vor allem von Belang, wie sich das Phänomen Abtönung funktional beschreiben lässt, um so anhand bestimmter Kriterien überprüfen zu können, ob auch die hier zu untersuchenden SD *praticamente* und *comunque* abtönend fungieren können[37].

Richard Waltereit (2006) stellt zunächst die formalen Merkmale von Modalpartikeln[38] und SD gegenüber. Insgesamt stellt er fest, dass die SD „eine große Zahl der Eigenschaften von Modalpartikeln teilen" (Waltereit 2006: 5), d. h. also einen Großteil der in 1.2.1 dargelegten Eigenschaften. Erste Unterschiede sieht Waltereit in Bezug auf die syntaktische Position, da die Modalpartikeln grundsätzlich – dies gilt als eines ihrer konstitutiven Merkmale seit Weydt (vgl. 1969: 66) – satzintegriert seien und „im Mittelfeld des deutschen Satzes, d.h. zwischen finitem und nicht-finitem Teil des

---

35 Diese meist synonym verwendeten Begriffe werden weiter unten differenziert.

36 „Für einige Autoren sind Modalpartikeln Teil einer umfassenden Wortklasse, der Diskurspartikeln (Davidsen-Nielsen 1996), für andere Autoren jedoch gehören die Modalpartikeln nicht zu den Diskurspartikeln (Hansen 1998, Fraser 1999)" (Waltereit 2006: 3).

37 Die Modalpartikeln gelten bekanntlich als Spezifikum des Deutschen, wohingegen ihre Anzahl in den romanischen Sprachen weitaus geringer vermutet wird (vgl. Koch/Oesterreicher 2011: 64, Waltereit 2006: 1).

38 Als typische Modalpartikeln des Deutschen gelten *aber, auch, bloß, denn, doch, eben, eigentlich, einfach, (ein-)mal, etwa, gerade, halt, ja, ruhig, schon, vielleicht, wohl* (vgl. Weydt 1969: 19).

Verbs, und dort meist vor dem Rhema" (Waltereit 2006: 5) vorkommen. In dieser Charakteristik sähe Waltereit ein spezifisches Abgrenzungskriterium, würden die SD diese nicht ebenfalls teilen können (vgl. ebd.). Was die Prosodie anbelangt, so divergieren die Modalpartikeln und die SD nur begrenzt. Zwar gelten erstere berechtigterweise und auch Waltereit zufolge als „typischerweise unbetont" (ebd.), was sie sowohl von ihren nicht-pragmatischen Gegenstücken als auch von den SD unterscheiden würde; es ist jedoch anzumerken, dass es außer *ja* und *bloß*, die bereits Waltereit von dieser Regel ausnimmt (vgl. ebd.: 1), weitere deutsche Modalpartikeln gibt, die betont werden können: so etwa *schon, denn, gerade, einfach, ruhig*[39]. Einen klaren Unterschied stellt Waltereit hingegen in Bezug auf das Skopus-Kriterium fest. Demnach wäre der syntaktische Bezugsrahmen der Modalpartikeln stets definierbar, da sie sich entweder auf den ganzen Satz oder auf kleinere syntagmatische Einheiten beziehen, während die SD „Skopus über Einheiten unterschiedlicher Größe" (ebd.: 6), mitunter gar über ganze Textabschnitte hätten. Dieser typologische Unterschied sei hinreichend, um die Modalpartikeln als eigenen Teilbereich von den SD abzugrenzen (vgl. Waltereit 2006: 104).

Darüber hinaus kommt Waltereit zu dem Schluss, dass es in den romanischen Sprachen keine Modalpartikeln im strengen Sinn, d. h. gemäß den distributionellen Kriterien der Germanistik geben könne:

> Es kann sie [die Modalpartikeln] aus systemischen Gründen [in den romanischen Sprachen] gar nicht geben. Denn zur Definition von Modalpartikeln gehört ein strukturelles Element der deutschen Syntax, das Mittelfeld. Weil es dieses strukturelle Element in den romanischen Sprachen nicht gibt, kann es in diesen Sprachen also auch keine Modalpartikeln geben.
> (Waltereit 2006: 18)

Er fügt jedoch hinzu, dass die romanischen Sprachen durchaus über abtö-nungs*fähige* Partikeln verfügen (vgl. ebd.). Diese Tatsache veranlasst den Autor zu folgender terminologischer Differenzierung, die in der vorliegenden

---

39 Dies belegen folgende Beispiele: *Er hat **schon** Recht, Wo willst du **denn** hin (wenn nicht dort)?, Darauf kommt es **gerade** an!, Wieso kannst du nicht **einfach** mal zuhören?, Komm **ruhig** näher!*. Die akzentuierte Variante von *denn* könnte regional oder gar idiolektal bedingt sein, da ich im Austausch mit anderen deutschen Muttersprachlern sehr unterschiedliche Meinungen zur Betonbarkeit dieser Partikel einholte.

Arbeit übernommen wird: Solche Partikeln, die nicht die formalen, sondern nur die semantisch-pragmatischen Kriterien der Abtönung erfüllen, nennt er *Abtönungspartikeln* (= AP); solche Elemente, die auch den distributionellen Kriterien der Germanistik genügen, nennt er *Modalpartikeln* (= MP) (vgl. ebd.).

Bevor nun versucht wird, den semantisch-pragmatischen Effekt des Phänomens Abtönung nachzuvollziehen, ist anzumerken, dass die bisher erwähnten formalen Kriterien (fast) „alle bezweifelbar" (Burkhardt 1982: 151) sind bzw. einer weiteren Differenzierung bedürfen. So kann etwa das Mittelfeld-Kriterium eingeschränkt werden, wenn man den durchaus zulässigen satzwertigen Gebrauch[40] von MP wie *schon, wohl, eben, doch*[41] berücksichtigt oder aber folgenden Spezialfall beachtet: *Einfach zugreifen muss man da doch!* (vgl. Burkhardt 1982: 151). Dem Satzskopus-Kriterium hingegen entgegnet Burkhardt wie folgt:

> [...] auf den ganzen Satz beziehen sich die Abtönungspartikeln nur in syntaktischer, nicht jedoch in semantischer Hinsicht, weil sie sich alle über Präsuppositionen auf frühere Äußerungen, Situationen und Informationen rückbeziehen, also gewissermaßen als eine Art Pro-Formen auf der illokutionären Ebene fungieren [...]. (Burkhardt 1982: 151)

Zu diesen Anzweiflungen ist jedoch respektive zu sagen, dass der syntaktische Bezug kein nebensächliches Detail darstellt und dass das Mittelfeld-Kriterium durch die genannten Ausnahmen keineswegs außer Kraft gesetzt wird. Diese Aspekte werden samt der Abgrenzungsproblematik gegen Ende dieses Unterkapitels noch einmal diskutiert werden.

Was die genaue Funktionsweise der Abtönungsformen[42] und den semantisch-pragmatischen Abtönungseffekt betrifft, so geht Waltereit zunächst

---

40 Dem satzwertigen Gebrauch scheint die Forschung überraschenderweise wenig Beachtung geschenkt zu haben und auch Waltereit schließt ihn für die AP bzw. MP (im folgenden Zitat verwendet er die Begriffe noch synonym zueinander) explizit aus: „Jedoch können manche Diskurspartikeln (im Gegensatz zu den Modalpartikeln) eine eigene Äußerung konstituieren [...]" (Waltereit 2006: 6).

41 Hier einige Beispiele: *A: Findest du's kalt?* - *B: Schon.*; *A: Das ist ja ganz einfach!* - *B: Eben!*; *A: Das ist ja gar nicht so einfach, wie du gesagt hast...* - *B: Doch!/ Wohl!*.

42 Waltereit bezieht die folgenden Ausführungen ausdrücklich auf „Modalpartikeln, und Abtönungsformen im Allgemeinen" (Waltereit 2006: 47).

von der bei Koch/Oesterreicher (2011) zu findenden Definition aus, wo die AP (hier erneut als Synonym von ‚Modalpartikeln' zu verstehen) als jene „äußerst sparsame[n] sprachliche[n] Elemente" bezeichnet werden, die „bestimmte an illokutionäre Akte gebundene kontextuell-interaktionale Bedingungen und Erwartungen andeuten (ohne sie wirklich zu explizieren)" (Koch/Oesterreicher 2011: 64). Von dieser grundlegenden Aussage leitet Waltereit das Kriterium der ‚illokutionären Spezifikation' ab, demzufolge „mit einem Satz, der ein Abtönungselement enthält, weniger Sprechakte vollzogen werden [...] als ohne dieses Abtönungselement" (Waltereit 2006: 25). Diesem Kriterium fügt er dann zwei Thesen hinzu, die als definitorische Grundmerkmale der semantischen Kategorie der Abtönung gelten können. Die erste These besagt, dass die abtönende Funktion darin bestehe, eine Hörerreaktion zu antizipieren (vgl. ebd.: 46):

> Modalpartikeln, und Abtönungsformen im Allgemeinen, haben die Funktion, die illokutive Funktion ihrer Trägeräußerung in Bezug auf den jeweiligen Diskurs zu perspektivieren. Sie zeigen an, in welchem Maße der Sprecher Zustimmung, Widerstand oder andere Reaktionen erwartet und wie er diese Reaktion in Bezug auf den bis dahin erreichten Stand des Diskurses rechtfertigt, z.B. indem er auf frühere Äußerungen Bezug nimmt.
> (Waltereit 2006: 47)

Diese These sei am Beispielsatz *Lavora allora!*[43] erklärt. Hier perspektiviert der Sprecher seinen Sprechakt der Aufforderung insofern in Bezug auf den Diskurs, als er durch *allora* die Evidenz des propositionalen Gehalts (*lavora*) andeutet: Er setzt mit *allora* voraus, dass die Notwendigkeit des Arbeitens sich als offensichtliche Konsequenz aus einer bestehenden Situation ergibt. Durch das Andeuten der Evidenz wiederum nimmt er die Hörerreaktion, d. h. einen zu erwartenden Einwand, vorweg. Zugleich rechtfertigt er so auf kommunikativer Ebene seine Aufforderung selbst[44]. Waltereit weist darauf hin, dass Abtönungselemente immer nur die Modalität der Illokution, nicht jedoch die Illokution selbst modifizieren (vgl. Waltereit 2006: 49). Hierbei

---

43 Den Beispielsatz entnehme ich Koch/Oesterreicher (vgl. 2011: 66).

44 Die diskursive Rechtfertigung wertet Waltereit als weiteres Definitionsmerkmal der Abtönung, meint hiermit allerdings „nicht, dass die Sprecher den propositionalen Gehalt der Aussage inhaltlich begründen oder verteidigen, sondern dass sie erläutern, welche Zielrichtung sie mit der Aussage verfolgen" (Waltereit 2006: 50).

greift er in Anlehnung an Givón (1995) auf ein kommunikativ ausgerichtetes Modalitätskonzept zurück (vgl. ebd.: 46ff.). So unterscheide Givòn vier Ebenen der kommunikativen Modalität (Präsupposition, Realis-Assertion, Irrealis-Assertion, negierte Assertion), die jeweils den vier Modalitätsebenen der logischen Tradition (notwendig wahr, kontingent wahr, möglicherweise wahr, unwahr) entsprechen (vgl. ebd.). Demzufolge würde die Funktion von *allora* im obigen Beispiel darin bestehen, eine Präsupposition des Sprechers auszudrücken, wo eigentlich keine zu erwarten ist: Denn der Imperativ *Lavora!* gehört an sich der Realis-Ebene an und präsuponiert keineswegs die Evidenz des propositionalen Gehalts. Erst durch den Zusatz von *allora* wird eine Präsupposition ausgedrückt und somit die kommunikative Modalität modifiziert.

Die zweite Grundthese Waltereits lautet, dass Abtönungsformen „eine typische Situation des Gebrauchs ihres nicht-modalen Gegenstücks [...] evozieren" (ebd.: 52). Diese Behauptung veranschaulicht er an folgenden Beispielen:

(62) Die Malerei war *ja* schon immer sein Hobby.

(63) A: Die Malerei war schon immer sein Hobby.
      B: *Ja.*
      (Waltereit 2006: 52)

(64) A: War die Malerei schon immer sein Hobby?
      B: *Ja.*
      (ebd.: 53)

In (62) fungiert *ja* als MP, in (63) und (64) respektive als Bestätigungs- und Antwortpartikel. Der Zusammenhang zwischen der MP und den nicht-modalen Entsprechungen bestehe nun darin, dass allesamt „Einverständnis zwischen Sprecher und Hörer über eine bestimmte Proposition" ausdrücken, wobei der entscheidende Unterschied darin liege, dass das Einverständnis in (62) „*vorausgesetzt*", in (63) und (64) hingegen „performativ *hergestellt*" (ebd.) werde. So evoziere die deutsche MP *ja* einen typischen Gebrauch ihres nicht-modalen Gegenstücks (vgl. ebd.). Fürs Italienische lässt sich an ein ähnlich einschlägiges Beispiel mit der Partikel *già* denken. In Bazzanella (1985) ist folgender interessanter Beispielsatz zu finden:

(65) Dov'è *già* il convegno? [= Dove mi hai detto che sarà il convegno?]
      (Bazzanella 1985: 88)

Dem Gebrauch von *già* wird hier die Funktion „condensare sinteticamente un enunciato" (ebd.) zugeschrieben. Man könnte sie auch als Andeuten eines illokutionären Akts bezeichnen. Der typische Gebrauchskontext des nicht-modalen Gegenstücks, des Zeitadverbs *già*, könnte wie folgt aussehen:

(66) A: Dov'è il convegno?
      B: In Via Roma, te l'ho **già** detto.

Das semantisch-pragmatische Merkmal, das das Zeitadverb und die AP eint, ist, dass ein bestimmter Zustand bereits besteht und nicht erst noch eintreten muss. Durch den modalen Gebrauch von *già* wird nun das semantische Merkmal ‚längst bestehender Zustand' auf kommunikativer Ebene uminterpretiert, indem die AP im obigen Beispiel die Evidenz ausdrückt, dass die erfragte Information (*Dov'è il convegno?*) dem Fragenden eigentlich *schon* (=*già*) bekannt sein sollte. *Già* evoziert also einen typischen Gebrauchskontext seines nicht-modalen Gegenstücks und dient dazu, „die Erwartungen des Hörers in Bezug auf die Fortsetzung des Diskurses so zu steuern, dass er den Sprechakt kohärent in sein Modell des Diskurses einfügen kann […]" (Waltereit 2006: 53).

Nun noch einmal zurück zur Abgrenzungsproblematik. Nachdem die Beschreibung des semantisch-pragmatischen Abtönungseffekts die Wichtigkeit des illokutionären Aspekts herausgestellt hat, können bezüglich der anfangs diskutierten formalen Kriterien folgende Präzisierungen formuliert werden: 1. Das Satzskopus-Kriterium bedeutet nicht nur die Festlegung des syntaktischen, sondern vor allem des *funktionalen* Bezugsrahmens, da der Satz diejenige Einheit darstellt, in der ein Sprechakt vollzogen wird und die direkte Modifikation der Modalität eines Sprechakts, wie gesehen, als Hauptfunktionsmerkmal der Abtönung gelten kann. 2. Das Mittelfeld-Kriterium zeichnet sich, wie eingangs schon angedeutet, insbesondere durch zwei Merkmale aus: Erstens sieht es vor, dass eine MP gewöhnlich demjenigen Satzelement folgt, das als Träger der illokutionären Kraft einer Äußerung gilt, ergo dem Prädikat (enthält der Satz ein finites und ein infinites Verb, steht die MP meist zwischen diesen Formen); zweitens sieht es vor, dass eine MP dem Fokuselement eines Satzes vorausgeht (vgl. (62), *ja schon immer*). Das von Burkhardt angeführte Gegenbeispiel (*Einfach zugreifen muss man da!*) setzt das Mittelfeld-Kriterium nicht außer Kraft, da es dies nicht widerlegt, sondern lediglich eine alternative Gebrauchsvariante der MP *einfach* aufzeigt. Anders gesagt: Der satzeinleitende Gebrauch der MP schließt deren (weitaus typischeren) satzzentralen Gebrauch nicht aus. Auch die von mir erwähnte satzwertige Verwendungsweise einiger MP steht nicht in Widerspruch zur Mittelfeld-Position. Vielmehr sind die holophrastischen von den satzintegrierten Partikeln funktional abzugrenzen, da ersteren nicht mehr nur eine modifizierende, sondern gar eine illokutions*vollziehende* Funktion zukommt, vgl.: *A: Findest du's kalt? - B: Schon.* Somit stellt das Mittelfeld-Kriterium insgesamt ein wichtiges Definitionsmerkmal der MP dar.

Dass es im Italienischen AP gibt, die z. T. gar die formalen Kriterien einer MP erfüllen, zeigten im Übrigen die Beispielanalysen von *già* und *allora*: In den Sätzen *Dov'è già il convegno?* und *Lavora allora!* haben die Partikeln jeweils Satzskopus, sind unbetont und folgen dem finiten Verb: Somit nehmen sie eine mittelfeld*ähnliche* Position ein. Waltereit kommt in seiner Analyse der französischen AP *quand même* zu ähnlichen Schlüssen: „Interessant ist an der Partikel *quand même* […], dass sie über die Merkmale der bloßen Partikel hinaus auch Eigenschaften von *Modalpartikeln* hat" (Waltereit 2006: 77). Er stellt fest, dass sich in bestimmten Gebrauchsweisen „wirklich so etwas wie eine Mittelposition abzeichnet" (ebd.).

Aus dem Gesagten ergibt sich, dass es aufgrund bestimmter funktionaler und formaler Differenzen sinnvoll ist, die Gruppe der abtönenden Partikeln funktional von den SD zu unterscheiden, sodass erstere als spezifische Untergruppe der letzteren gelten können. Die abtönenden Partikeln kann man darüber hinaus gemäß Waltereit (2006) in ‚Modal'- und ‚Abtönungspartikeln' unterteilen. Außerdem werden AP wie *già* und *allora*, die z. T. formale Merkmale deutscher MP aufweisen, fortan als *AP im engen Sinn* bezeichnet; AP, die sich formal stark von den MP unterscheiden, so etwa satzmarginal gebrauchte Partikeln wie *ma* (*Ma siediti!* (vgl. Koch/Oesterreicher 2011: 66)), werden hingegen als *AP im weiten Sinn* bezeichnet[45].

---

45 Es sei am Ende dieses Unterkapitels noch auf ein weiteres mögliches Abgrenzungskriterium aus der generativ ausgerichteten Studie Marco Coniglios (2008) verwiesen. So können Coniglio zufolge, stark zusammengefasst, MP grundsätzlich nicht auf repetitive Adverbien wie *nochmals, immer* etc. folgen (**Ich war nochmals ja da*), sondern diesen nur vorausgehen (*Ich war ja nochmals da*) (vgl. Coniglio 2008: 100f.). Obwohl es sich hierbei um einen interessanten Ansatz handelt, überzeugt die Darstellung Coniglios nicht vollständig, da der Autor sich allein auf seine introspektiv begründete Einschätzung verlässt, wenn er

1.3.7.3 Diskursmarker mit prozeduraler Bedeutung

Abschließend soll mit Fraser (1999) auf einen Forschungsansatz eingegangen werden, der die bereits erwähnte prozedurale Bedeutung (vgl. 1.2.1, 1.3.6) zum Abgrenzungskriterium der SD erhebt – wobei Fraser von „*discourse markers*" (Fraser 1999: 931) spricht. Eine Differenzierung der Termini ‚SD' und ‚Diskursmarker' (= DM) scheint durchaus notwendig, da die beiden Begriffe letztlich für zwei unterschiedliche Konzepte stehen, wie gegen Ende dieses Unterkapitels gezeigt werden soll. Der ursprünglich auf Blakemore (1987) zurückgehende Forschungsansatz (vgl. Fraser 1999: 944) schreibt solchen Elementen prozedurale Bedeutung zu, die

> impose a relationship between some aspect of the discourse segment they are part of, call it S2, and some aspect of a prior discourse segment, call it S1. In other words, they function like a two-place relation, one argument lying in the segment they introduce, the other lying in the prior discourse. I represent the canonical form as <S1. DMM+S2>.
> (Fraser 1999: 938)[46]

Fraser sieht die prozedurale Bedeutung als „core meaning" der DM, deren „more specific interpretation is ‚negotiated' by the context, both linguistic and conceptual" (Fraser 1999: 931). Als Beispiele prozeduraler Bedeutung führt er die folgenden auf:

(67) a. A: I like him. B: **So**, you think you'll ask him out then.
  b. John can't go. **And** Mary can't go either.
  c. Will you go? **Furthermore**, will you represent the class there?
  d. Sue left very late. **But** she arrived on time.
  e. I think it will fly. **After all**, we built it right.
  (Fraser 1999: 931)

---

die Gültigkeit dieses Kriteriums für die AP des Italienischen (vgl. ebd.: 107ff.) postuliert. So ist es beispielsweise anzweifelbar, ob ein Satz wie ?*Non era poi di nuovo così male* tatsächlich akzeptabel ist, während es der Satz **Non era di nuovo poi così male* nicht sei (vgl. ebd.: 114). Es bedürfte demnach systematisch durchgeführter empirischer Studien, um die Validität des genannten Kriteriums fürs Italienische zu überprüfen. Sollten sich in der anschließenden Korpusanalyse vereinzelt Belege finden, die für die These Coniglios relevant sind, wird selbstverständlich darauf hingewiesen.

46 Unter ‚*segment*' versteht Fraser einen „cover term to refer to ‚proposition', ‚sentence', ‚utterance' and ‚message'" (Fraser 1999: 938).

Hier beziehen sich die DM jeweils auf den unmittelbar vorausgehenden Satz. Sie zeigen an, welche semantische Beziehung jeweils zwischen den Diskurssegmenten S1 und S2 besteht und welche Schlüsse der Hörer aus dieser Beziehung zu ziehen hat. So zeige die Partikel *so* gewöhnlich eine Inferenz des Sprechers an (vgl. ebd.: 945), während *but* einen Kontrast signalisiere (vgl. ebd.: 947) und *and* additiven Wert habe (vgl. ebd.: 948). DM können Fraser zufolge jedoch auch eine „topic relating"-Funktion (ebd.: 949), d. h. eine genuin metatextuelle Funktion haben, wie etwa *incidentally*, das gewöhnlich eine „digression" (ebd.) einleitet.

Grundsätzlich wird nicht vorausgesetzt, dass die durch einen DM verbundenen Segmente unmittelbar aufeinander folgen. Der Skopus kann unterschiedlich ausfallen, wie im folgenden Beispiel, wo *however* sich auf sämtliche vorgängige Sätze bezieht[47]:

> (68) He drove the truck through the parking lot and into the street. Then he almost cut me off. After that, he ran a red light. **However**, these weren't his worst offenses.
> (Fraser 1999: 938)

Als distinktives Merkmal der DM gilt grundsätzlich, dass „each of the expressions relates two **separate** messages" (ebd.: 940; Hervorhebung von mir). So fungiert *and* in dem Satz *Jack played, **and** Mary read* als DM (vgl. ebd.: 939), da es sich auf zwei unterschiedliche Segmente bezieht; im Satz *Oil **and** water don't mix* hingegen stellt es eine Konjunktion dar, da es seine verknüpfende Funktion innerhalb desselben Segments ausübt (vgl. ebd.: 943).

Das Verbinden zweier Diskurssegmente als distinktives Merkmal stellt zugleich den entscheidenden Unterschied zwischen dem DM-Konzept Frasers und dem SD-Konzept der vorliegenden Arbeit dar. So schränkt dieses Kriterium die Klasse der DM im Vergleich zur SD-Klasse einerseits stark ein, da es u. a. „focus particles" (ebd.: 942) (wie das italienische *proprio*), Interjektionen, Modalpartikeln und Vokative ausschließt (vgl. ebd.). Andererseits erweitert es die DM-Klasse im Verlgeich zur SD-Klasse um Elemente, denen man wohl grundsätzlich eher Funktionen der klassischen Grammatik zuschreiben würde, wie etwa *since* im folgenden Beispiel:

---

47 Zudem können DM mit prozeduraler Bedeutung ebenso in satzzentraler und satzfinaler Position vorkommen (vgl. Fraser 1999: 938).

(69) Since John wasn't there, we decided to leave a note for him.
      (Fraser 1999: 946)

Fraser ist sich durchaus bewusst, dass der hier durch *since* hergestellte „discourse relationship involves the (propositional) content domain" (ebd.). In diesem Punkt weicht also das Konzept der prozeduralen Bedeutung deutlich von dem ab, was die hier vorgestellten Modelle von Bazzanella und Koch/ Osterreicher unter der Klasse der SD verstehen. So wäre *since* im obigen Beispiel gemäß den in 1.2.1 aufgestellten Kriterien als Konjunktion einzustufen, da es Teil des propositionalen Gehalts und nicht eliminierbar ist.

Letzten Endes bietet der prozedurale Ansatz jedoch nützliche Parameter für die Bestimmung gewisser diskursstruktureller und kognitiver Funktionen der SD. Deshalb werden diese Parameter im anschließenden Analyseteil mitberücksichtigt.

2 Nicht-pragmatischer und pragmatischer Gebrauch von *praticamente* und *comunque*

Abstract: In the following chapter the non-pragmatic usage of the discourse particles *praticamente* and *comunque* will be described using dictionaries and specialized literature. Where possible a dividing line between pragmatic and non-pragmatic usage will be drawn. Furthermore hypothesises will be formulated about what pragmatic functions these discourse particles can fulfil.

Zur Erschließung der nicht-pragmatischen (und z. T. auch der pragmatischen) Bedeutungen und Funktionen der Lexeme *praticamente* und *comunque* wurden folgende einschlägige Wörterbücher des Italienischen herangezogen: Battaglia (1961-2002), De Mauro (2000), *GRADIT* (2000), *Sabatini Coletti* (2007), Dardano (1982), *Devoto-Oli* (2008), *Garzanti* (2010), *Zingarelli* (2013), *Treccani* (2013), Gabrielli (1989), Palazzi/Folena (1992), *De Agostini* (1990). Zudem wurden der zweisprachige *Zanichelli* von Giacoma/Kolb (2014) sowie die *Grande grammatica* von Renzi et alii (1991, 1995) konsultiert.

2.1 *Praticamente*

Wie in der Einleitung erwähnt, wird die Präpositionalphrase *in pratica* in der vorliegenden Arbeit bis auf Weiteres als äquivalente Variante des SD *praticamente* betrachtet. Demnach wäre es im Folgenden angemessener, vom Typ ‚*praticamente*' auszugehen. In der von mir konsultierten Literatur sind keine Überlegungen zu etwaigen funktionalen oder semantisch-pragmatischen Unterschieden zwischen den beiden SD-Varianten zu finden. Inwieweit *in pratica* tatsächlich eine äquivalente Variante von *praticamente* darstellt, wird in der anschließenden Funktionsanalyse zu überprüfen sein.

2.1.1 Der Gebrauch als Adverb

In nicht-pragmatischer Verwendung fungiert *praticamente* als Satzadverb, dessen Bedeutung sich mit Paraphrasen wie ‚*in modo pratico*' (vgl. Dardano 1982, *Garzanti* 2010, *Treccani* 2013, *Zingarelli* 2013) und ‚*all'atto pratico*' (vgl. Battaglia 1961-2002, De Mauro 2000, *GRADIT* 2000) beschreiben und somit als das semantische Gegenteil von ‚theoretisch‘ und ‚abstrakt‘ zusammenfassen lässt. Hierbei gibt es natürlich verschiedene Unterbedeutungen, die von der wörtlichen Grundbedeutung i) ‚die Praxis betreffend‘ bis hin zu übertragenen Bedeutungen wie ii) ‚pragmatisch‘ (im Sinne von ‚konkret, sachbezogen, lösungsorientiert‘) oder iii) ‚vorteilhaft im Hinblick auf eine bestimmte Handlung‘ (vgl. Gabrielli 1989) reichen.

Auf formaler Ebene zeichnen sich folgende Merkmale ab: Das Adverb kann alle Positionen im Satz besetzen, d. h. sowohl am Anfang, in der Mitte und am Ende des Satzes stehen[48]; es hat Satzskopus und tritt grundsätzlich betont auf.

2.1.2 Der Gebrauch als *segnale discorsivo*

2.1.2.1 Metatextuelle Ebene

Auf metatextueller Ebene kommt für *praticamente* zunächst der Gebrauch als gliederndes Anfangssignal in dialogischen Diskursen in Frage. Zwar sieht Bazzanella für das SD nur die Mittel- und die Endstellung vor (Bazzanella 1995: 257); Äußerungen wie die folgende sind jedoch erfahrungsgemäß durchaus denkbar: A: *Come avete progettato esattamente la vostra ricerca? - B: **Praticamente**, siamo partiti da....* Auch innerhalb eines Redebeitrags scheint *praticamente* gliedernde Funktion übernehmen zu können, etwa zusätzlich zur Funktion als Überbrückungssignal, wie es sich in (36) andeutet. Weitere *funzioni metatestuali* könnten mit dem Gebrauch als *indicatore di parafrasi* (vgl. (70)) und als *focalizzatore* (vgl. (71)) erfüllt werden, wie die folgenden fiktiven Beispielsätze vermuten lassen:

(70) *il film è stato grandioso, **praticamente** il migliore che abbia visto ultimamente*

(71) *ce l'ho messa sempre tutta e quando **praticamente** ero a un passo dal successo, è crollato tutto*

Außerdem möchte ich den Gebrauch als *segnale di chiusura* nicht ausschließen, da SD, die als Anfangssignale fungieren, meist auch das Ende eines Diskursabschnitts markieren können. Weiterhin kommt der Gebrauch als

---

48 Hier einige veranschaulichende Beispielsätze: *Bisogna risolvere il problema praticamente.*; *Vorrei studiare **praticamente** la lingua tedesca.*; ***Praticamente** si può affrontare la questione (meglio che teoricamente).*

Überbrückungssignal (ÜS) in Frage, wie Beispiel (36) zeigte, das hier erneut aufgeführt wird:

(72) In particolare praticamente eh le due autorità che sono poste a capo dello Stato cioè la chiesa e l'Impero.
(Bazzanella 1995: 234)

Voraussetzung für die Klassifizierung als Überbrückungssignal sind die in 1.3.4 genannten Merkmale, d. h. prinzipiell das Auftreten von Formulierungsschwierigkeiten, die etwa durch die lautliche Dehnung des Endvokals des jeweiligen ÜS oder die Kopräsenz leerer oder gefüllter Pausen überbrückt werden.

Sollten die *parafrasi-* oder die *chiusura-*Funktion bestätigt werden, so würde *praticamente* dazu dienen können, zwei oder mehrere Segmente des Diskurses miteinander zu verbinden und folglich gemäß Fraser (1999) als DM mit prozeduraler Bedeutung auf metatextueller Ebene einzustufen sein. DM-Funktionen, die außerhalb des metatextuellen Bereichs liegen, scheinen für *praticamente* hingegen nicht in Frage zu kommen.

2.1.2.2 Interaktionale Ebene

Da im vorigen Unterkapitel der Gebrauch als Anfangssignal in dialogischen Diskursen angenommen wurde, sollte *praticamente*, angesichts der weitgehenden Korrelation der Bereiche GS und *turn taking* (vgl. 1.3.1, 1.3.2), auf interaktionaler Ebene als *turn taking*-Signal fungieren können. Hierbei ist sowohl der Gebrauch als *segnale di presa di turno* als auch der Gebrauch als *meccanismo di interruzione* denkbar. Weiterhin ist vorstellbar, dass das allgemein sehr häufig verwendete *praticamente* (vgl. 1.2.1) wiederholt innerhalb eines längeren Redebeitrags auftritt und als *turn maintaining*-Signal fungiert.

2.1.2.3 Kognitive Ebene (im weiten Sinn)

2.1.2.3.1 Ungenauigkeitssignal

Auf kognitiver Ebene kommt der Gebrauch als Ungenauigkeitssignal (= UGS) gemäß der in 1.3.6 gegebenen Definition in Frage. Wie in 1.3.6 gesehen, kann *praticamente* den propositionalen Gehalt einer Äußerung abschwächen, indem es eine „riduzione della precisione" (Bazzanella 1995: 238) anzeigt. Dies wurde am folgenden Beispiel veranschaulicht:

(73) Saussure **praticamente** è vissuto nel millenovecento... (segue il silenzio dello
       studente; es. reale; esame universitario)
       (Bazzanella 1995: 238)

Nun scheinen die konsultierten Wörterbücher jedoch unterschiedliche Formen der Abschwächung im Gebrauch von *praticamente* festzustellen, die
sie meist wie folgt paraphrasieren:

pra|ti|ca|mente [...]
2 anche con valore attenuativo, in pratica, in realtà, in sostanza: *l'estate è p. finita,
ho detto p. tutto, sono p. sicuro di aver superato l'esame* | in altre parole, in altri
termini: *p, ci ha dato degli incompetenti*
(De Mauro 2000)

praticamente [...] 2. In concreto, nella sostanza: *avete detto p. le stesse cose, anche
se in modo diverso.* 3. Come avv. frasale, in poche parole, alla fin dei conti, usato
anche come intercalare ad inizio frase e come risposta: *p., se n'è andato e mi ha
mollato qui* [...].
(*Treccani* 2013)

Die Bedeutungsparaphrasen legen nahe, dass es sich um Unterschiede auf
semantischer bzw. semantisch-pragmatischer Ebene handelt. Bei genauem
Hinschauen wird jedoch klar, dass die Unterschiede vorwiegend die *funktionale* Ebene des Gebrauchs betreffen. Die einzigen, die eine Bestimmung
nach funktionalen Kriterien vornehmen, sind Sabatini/Coletti (2007):

avv. **praticamente** [...]
2. Con **valore frasale**, nel sign. di "stando alla pratica" (isolato da pausa, può
essere anteposto, interposto o posposto alla frase a cui appartiene): *praticamente
l'affare si può dire ormai concluso; il lavoro, praticamente, è finito; con la famiglia
ha rotto i rapporti, praticamente* [...].

3. **Riferito strettamente a un solo termine** ha il sign. di pressoché, quasi del tutto:
sono praticamente al verde; è rimasto praticamente solo [...]
(*Sabatini Coletti* 2007; Hervorhebungen von mir)

Eine solche Differenzierung ist unumgänglich, da sie den jeweils unterschiedlich ausfallenden Skopus der UGS-Varianten berücksichtigt. So übt
das unter 2. gefasste *praticamente*, ebenso wie in (73), seine abschwächende
Funktion auf die gesamte Proposition aus. Die unter 3. gefasste Variante
hingegen schwächt allein das unmittelbar folgende Argument (respektive
al verde und *solo*) ab. Fortan wird der Gebrauch im Sinne von 2. als Ungenauigkeitssignal mit weitem Skopus (= UGS m. w. S.) und der Gebrauch im

Sinne von 3. als Ungenauigkeitssignal mit engem Skopus (= UGS m. e. S.) bezeichnet.

Es sei zudem auf den *Treccani*-Artikel verwiesen, in dem die Möglichkeit des satzwertigen Gebrauchs angenommen wird:

(74) »*Hai finito i soldi?*« »*P.*«, più o meno.
(*Treccani* 2013)

Ob es sich hierbei um eine gängige bzw. zulässige Verwendungsweise handelt, soll die anschließende Analyse zeigen.

Schließlich weist Bazzanella (1995) darauf hin, dass die UGS-Funktion von *praticamente* meist über die „riduzione della precisione rispetto al contenuto proposizionale" hinausgehe und zugleich die „volontà di non volersi impegnare completamente a sostenerne la verità o l'appropriatezza" (Bazzanella 1995: 255) seitens des Sprechers anzeige. Demnach ist anzunehmen, dass der UGS-Gebrauch von *praticamente* oft zugleich eine Relativierung des *commitments* mit sich bringt.

2.1.2.3.2 Intercalare

Dell'avv. *praticamente* con valore frasale si abusa quando se ne fa un vero e proprio intercalare (che denota insicurezza psicologica del parlante).
(*Sabatini Coletti* 2007)

Diesen zusätzlichen Differenzierungsansatz von Sabatini/Coletti (2007) möchte ich aufgreifen, um fortan solche Gebrauchsvarianten von *praticamente* als *intercalare* zu klassifizieren, die auf einen pragmatischen Abnutzungseffekt („si abusa") der Partikel schließen lassen. Im *Sabatini Coletti* (2007) wird der Begriff ‚*intercalare*' definiert als

(75) intercalare s.m. [...]
1 Parola o frase che, senza accorgersene e senza necessità, si inserisce continuamente nel discorso [...].
(*Sabatini Coletti* 2007)

Praticamente wird also zu einem *intercalare*, wenn der Gebrauch des SD sich nicht mehr oder nur noch teilweise durch das Zuordnen bestimmter pragmatischer Funktionen (ÜS, UGS etc.) bestimmen lässt. Man kann in solchen Fällen von pragmatischer Entfunktionalisierung (vgl. Waltereit 2006: 100) sprechen. Oft tritt der *intercalare*-Gebrauch in Stress- oder Drucksituationen auf, wie z. B. bei mündlichen Prüfungen in der Universität, vgl.:

(76) [...] si era scoperto che praticamente le lingue romanze derivavano dal latino [...] i dialetti si formano praticamente per il contatto [...] è un continuo praticamente mutamento [...]
(Bazzanella 1995: 256)[49]

Es ist jedoch durchaus möglich, dass die pragmatische Abnutzung in manchen Fällen nicht einmal mehr der „insicurezza psicologica del parlante" (*Sabatini Coletti* 2007) geschuldet ist, sondern schlicht „eine Art Tick" (Lichem 1981: 78) darstellt.

Grundsätzlich spielt die Frequenz des Gebrauchs sicherlich eine essenzielle Rolle. So kann der wiederholte Gebrauch innerhalb eines Redebeitrags als wichtiger Indikator für die pragmatische Abnutzung eines SD gelten. Da eine hohe Gebrauchsfrequenz, wie in 1.3.2 gesehen, ebenfalls der Beibehaltung des Rederechts dienen kann, könnte es in bestimmten Fällen schwierig sein, den *intercalare*-Gebrauch von der interaktionalen *turn maintaining*-Funktion zu unterscheiden.

2.1.2.3.3 Abtönungspartikel

Koch/Oesterreicher plädieren eindeutig dafür, dass abschwächende SD wie *praticamente* aus funktionaler Sicht nicht zu den AP zu zählen sind (vgl. Koch/Oesterreicher 2011: 68). Es fragt sich jedoch, ob die abschwächende Gebrauchsvariante von *praticamente* die einzige ist, die für einen abtönenden Gebrauch in Frage kommt. Mit Dardano (1982) kann man grundsätzlich die folgenden zwei Gebrauchsweisen unterscheiden, vgl.:

praticaménte avv. [...]
2 In realtà, in sostanza: *dice tante cose, ma p. non crede in nessuna* | Quasi: *ho p. finito*
(Dardano 1982)

Demzufolge kann *praticamente* einerseits, wie bereits gesehen, als UGS gebraucht werden und als solches i) Approximation im Sinne von ‚*quasi*‘, ‚*più o meno*‘ ausdrücken; andererseits kann es eine ii) Reduktion auf das

---

49 In diesem Beispiel bestimmt Bazzanella *praticamente* im Übrigen als *riempitivo* und hebt somit auf jenen bereits in 1.3.4 erwähnten kognitiven Aspekt ab (das Signalisieren eines „stato psicologico particolare (stanchezza, ansietà, tensione, ecc.)" (ebd.: 235)); dies zeigt erneut den generischen Charakter des *riempitivo*-Begriffs. Dem kognitiven Aspekt wird fortan mit dem *intercalare*-Begriff Rechnung getragen.

Wesentliche, Konkrete im Sinne von ‚*in realtà*‘, ‚*in sostanza*‘ ausdrücken. Diese beiden „Bedeutungen" gehen, so meine These, aus der semantisch-pragmatischen Implikatur ‚Hinwendung von der theoretisch-abstrakten zur praktisch-konkreten Ebene‘ hervor[50]. Dieser semantisch-pragmatisch implikatierte Perspektivenwechsel wird nun im Fall von i) als Einschränkung des Genauigkeitsgebots und somit als Rechtfertigung der Ungenauigkeit bzw. Approximation interpretiert; im Fall von ii) hingegen wird er als Konkretisierung und somit als Versuch der inhaltlichen Klarstellung bzw. Präzisierung interpretiert. Demnach wäre ii) als das semantisch-pragmatische Gegenteil von i) anzusehen[51]. Die Gebrauchsweise ii) scheint zugleich ein gewisses Potential für die Hervorbringung eines abtönenden Effekts zu haben.

Während also für die abschwächende Variante i), wie es Koch/Oesterreicher richtig feststellen, ein abtönender Effekt auszuschließen ist, da das SD im Satz *ho praticamente finito* rein performativ als UGS m. e. S. fungiert, verhält es sich mit ii) etwas anders. Im Satz[52]

(77) *dice tante cose, ma praticamente non crede in nessuna*
      (Dardano 1982)

scheint die Partikel semantisch-pragmatisch zu einer inhaltlichen Klarstellung beizutragen und u. a. die Funktion zu haben, die gegensätzliche Sichtweise (*non crede in nessuna*) kommunikativ zu rechtfertigen und in ihren Kontext einzupassen. Der (fiktive) Hörer erwartet den abrupten Widerspruch *ma non crede in nessuna* womöglich nicht und könnte ihn als unvermittelt empfinden. Demnach würde *praticamente* der Vorwegnahme einer Hörerreaktion dienen und abtönend fungieren. Das die pragmatische und die nicht-pragmatische Variante einende Bedeutungsmerkmal wäre der oben erwähnte

---

50 Der Gegensatz zur theoretischen Ebene stellt ein grundlegendes semantisches Merkmal des Begriffs ‚*pratico*‘ dar. Auf diesen semantischen Gegensatz ist meiner Ansicht nach die Entwicklung der pragmatischen „Bedeutungen" von *praticamente* zurückzuführen.

51 In der anschließenden Funktionsanalyse wird zu untersuchen sein, inwieweit sich diese scheinbar gegensätzlichen Bedeutungsnuancen tatsächlich voneinander unterscheiden lassen.

52 Da es sich um ein fiktives Beispiel ohne realen Kontext handelt, muss sich die folgende Analyse zwangsläufig an einer „wahrscheinlichen" Lesart orientieren.

Perspektivenwechsel, paraphrasierbar mit ‚nicht aus theoretischer, sondern aus praktisch-konkreter Sicht stellt sich der Sachverhalt wie folgt dar‘.

Ob diese Vermutungen zu bestätigen sind, wird die anschließende Funktionsanalyse zeigen. Sollte *praticamente* im repräsentativen Beispiel (77) tatsächlich ein abtönender Effekt zukommen, so wäre es in jedem Fall als AP im weiten Sinn einzustufen, da es eine satzmarginale Position einnimmt und sich somit deutlich von den in 1.3.7.2 analysierten, satzintegrierten AP *già* und *allora* unterscheidet. Rückte man es in die satzzentrale Position hinter dem finiten Verb, würden sich seine Funktion und auch sein semantisch-pragmatischer Wert verändern: Es würde dann als UGS m. e. S. fungieren und sich abschwächend auf das Fokuselement *in nessuna* beziehen. Weiterhin fällt auf, dass *praticamente* in (77) mit großer Wahrscheinlichkeit akzentuiert wird, was allgemein untypisch für AP ist. So sprechen insgesamt einige Aspekte für die Klassifizierung als AP, während andere dagegen sprechen.

2.2 Comunque

2.2.1 Der Gebrauch als Konjunktion und als Adverb

Der nicht-pragmatische Gebrauch von *comunque* als Adverb oder als Konjunktion ist aufgrund seiner Komplexität nicht einfach zu bestimmen. Dies wird zusätzlich dadurch erschwert, dass die Wörterbücher nicht (explizit) zwischen nicht-pragmatischer und pragmatischer Verwendung unterscheiden.

Für die Konjunktion *comunque* geben die Wörterbücher folgende Gebrauchsvarianten an:

(78) in der Bedeutung von ‚*in qualunque modo*‘, einem Verb im *congiuntivo* vorausgehend, mit konzessivem Wert[53], vgl.: *comunque vadano le cose, devi avere pazienza* (Garzanti 2010); *c. sia, non c'è da preoccuparsi* (GRADIT 2000)

(79) in der Bedeutung von ‚*nonostante che*‘, ‚*quantunque*‘, mit konzessivem Wert, vgl.: *la vicenda, c. paia impossibile, andò così* (GRADIT 2000, De Mauro 2000)

---

53 Unter den Wörterbüchern schreiben nur der *Sabatini Coletti* (2007), *Treccani* (2013) und *Garzanti* (2010) *comunque* in dieser Gebrauchsvariante explizit konzessiven Wert zu. Hierin werden sie von Mazzoleni (1991) bestätigt, der den Gebrauchstyp (78) als *relativo indefinito* in einem *costrutto a-condizionale* (vgl. Mazzoleni 1991: 802f.) einstuft.

(80) in der Bedeutung von ‚*appena che*‘, einem Verb im *congiuntivo* vorausgehend, mit temporalem Wert (vgl. Battaglia 1961-2002, *GRADIT* 2000, De Mauro 2000, *Garzanti* 2010 etc.).

Hierbei stellen (79) und vor allem (80) aus synchroner Sicht ungebräuchliche Varianten dar, wohingegen (78) äußerst gängig ist. Vielfältig ist auch der Gebrauch als Adverb:

(81) in der Bedeutung von ‚*ad ogni modo*‘, ‚*in ogni caso*‘, vgl.: *verremo comunque, bisogna comunque aspettare* (Dardano 1982)[54], *devo partire comunque* (*Garzanti* 2010), *domani verrò comunque* (*GRADIT* 2000, De Mauro 2000), *riuscirò a ottenerlo comunque, è inutile che protesti: devi farlo comunque* (*Zingarelli* 2013), *deve comunque passare prima da noi* (Giacoma/Kolb 2014) etc.

(82) in der Bedeutung von ‚*in un modo qualsiasi*‘, ‚*in ogni modo*‘, dem Verb folgend, vgl.: *vestiti c., l'importante è che tu vada alla riunione; va bene c.* (*Sabatini Coletti* 2007)

(83) in der Bedeutung von ‚*in qualunque modo*‘, vgl.: *Le violazioni della legge devono essere sempre e comunque punite* (De Agostini 1990).

Unter den Adverb-Varianten stellt (81) wohl die frequenteste Gebrauchsvariante dar. Aus den Einträgen geht jedoch nicht klar hervor, ob mit (81) und (83) vielleicht sogar dieselbe Variante gemeint ist.

Des Weiteren gibt es eine Variante, die *GRADIT* (2000) und De Mauro (2000) als Adverb, die anderen Wörterbücher hingegen als *congiunzione* (*testuale*) klassifizieren:

(84) in der Bedeutung von ‚*tuttavia*‘, mit adversativem bzw. konzessivem Wert[55], vgl.: *è stata una cosa improvvisa, c. potevi almeno avvisarmi* (*Zingarelli* 2013), *non so cosa mi aspetta, c. partirò* (Dardano 1982), *non sarei venuto, comunque potevate avvertirmi* (*Garzanti* 2010), *non so come farò, comunque ci proverò* (Palazzi/Folena 1992), *ha un carattere strano, c. è una carissima persona* (*GRADIT* 2000).

Hierbei stellt sich die Frage, ob es sich überhaupt um einen nicht-pragmatischen Gebrauchstyp handelt oder ob (84) nicht bereits als pragmatische Variante einzustufen ist. Die Wörterbucheinträge geben in Bezug auf diese

---

54 Bei Dardano (1982) ist neben ‚*in ogni caso*‘ noch die Paraphrase ‚*in qualunque modo*‘ zu finden.
55 Die Wörterbücher schreiben diesem Gebrauchstyp adversativen Wert zu, während Mazzoleni (vgl. 1991: 809) von einem konzessiven Wert ausgeht.

Frage keine übereinstimmende Antwort. Meist klassifizieren sie diesen Gebrauchstyp als *congiunzione testuale*, wobei ‚*testuale*‘ hier wohl als Synonym zu ‚pragmatisch‘ zu verstehen ist. Dies legt etwa der Eintrag von Sabatini/Coletti (2007) nahe:

> (85) **comunque** [...] In funzione di cong. testuale (anche seguito dal solo v.: *c. sia*), col sign. di "in ogni caso", "a ogni modo", "tuttavia", "ma", "peraltro"; conferisce valore avversativo-limitativo a una frase o sequenza di discorso rispetto a quanto detto in precedenza (è isolata da pause e può essere anteposta, interposta o posposta alla frase a cui appartiene): *purtroppo hanno commesso delle irregolarità; c., io non guarderò in faccia a nessuno*; [...] *la situazione sembra confusa; tu vai a vedere, c., e poi mi farai sapere; se vuoi, occupatene tu, io non ho tempo, c.* [...].
> (*Sabatini Coletti* 2007)

Zwei Aspekte dieses Eintrags deuten auf einen pragmatischen Gebrauchstyp hin: die parenthetische Verwendungsweise (durch die Kommata gekennzeichnet) und die distributionelle Variabilität. Letztere gilt als grundlegendes Merkmal der SD (vgl. (6)) und hebt den Typ (84)-(85) von den in dieser Hinsicht weniger flexiblen Typen (78)-(83) ab. Was die parenthetische Verwendungsweise anbelangt, so könnte diese auf eine elliptische Entwicklung der Gebrauchsvariante (78) zurückzuführen sein. Dies deutet der Zusatz „anche seguito dal solo v.: *c. sia*" im obigen Zitat an. Der Eintrag bei Gabrielli (1989) bestätigt diese Annahme:

> (86) **comunque,** cong. [...] **3.** Con l'ellissi di *sia, o si sia,* s'usa spesso in frasi conclusive col valore di tuttavia, in ogni modo. *Capisco tutto, comunque dovevi dirmelo; Non credo di poter accettare, comunque ci penserò.*
> (Gabrielli 1989; Hervorhebung von mir)

Inwieweit man nun diesen elliptischen Gebrauch als pragmatisch oder als bereits grammatikalisiert betrachtet, ist eine Frage der Interpretation. Zieht man die Ausübung der modalen Funktion als Gradmesser für den nicht-pragmatischen Gebrauch heran, so scheinen mir viele der Beispielsätze in (84)-(86) aus Sicht der traditionellen Grammatik keinen genuin adversativen oder konzessiven Wert zu haben (vgl.: *purtroppo hanno commesso delle irregolarità; c., io non guarderò in faccia a nessuno* (*Sabatini Coletti* 2007), *capisco tutto, comunque dovevi dirmelo* (Gabrielli 1989)); andere wiederum lassen einen solchen Wert erkennen (vgl.: *non so come farò, comunque ci proverò* (Palazzi/Folena 1992), *Non credo di poter accettare, comunque ci penserò* (Gabrielli 1989)). Die Klassifizierung des hier beschriebenen Gebrauchstyps wird in Kapitel 2.2.2.3 noch einmal thematisiert werden.

Es sei nun genauer auf die Adverb-Variante (81) eingegangen. Da sie – dies ist an dieser Stelle vorwegzunehmen – als nicht-pragmatisches Gegenstück einer abtönenden *comunque*-Variante in Frage kommt (vgl. 2.2.2.3), ist ihre semantische, funktionale und formale Bestimmung von großer Bedeutung. Umso ungünstiger ist es, dass die unzureichenden Angaben der Wörterbücher eine solche Bestimmung nicht ermöglichen. So bleibt etwa ungeklärt, ob die genannte Variante konzessiven Wert hat. Keines der Wörterbücher stuft *comunque* in (81) als konzessiven Operator ein; in Beispielsätzen wie *è inutile che protesti: devi farlo comunque* (Zingarelli 2013) ist jedoch zweifellos ein konzessives Verhältnis zwischen den Propositionen zu erkennen. Auch die Bedeutungsparaphrasen ‚*in ogni caso*‘, ‚*in/ad ogni modo*‘ irritieren, da sie semantisch ambig sind: So kann ‚*in/ad ogni modo*‘ zum einen schlicht ‚in jedem Fall‘, aber, wie der folgende Eintrag von Sabatini/Coletti (2007) zeigt, in vielen Kontexten auch ‚trotzdem‘ bedeuten:

(87) modo [...] 2 [...] loc. cong. testuali *a ogni modo, in ogni modo*, comunque, tuttavia con valore avversativo-limitativo: *tornerò presto. A ogni m., ti avvertirò*
(*Sabatini Coletti* 2007)

Hier wird ‚*in/ad ogni modo*‘ explizit als Synonym zu ‚*comunque*‘ und ‚*tuttavia*‘ beschrieben. Umso mehr verwundert es wiederum, dass *comunque* in (81) nicht mit genuin konzessiven Operatoren wie ‚*tuttavia*‘ oder ‚*nonostante ciò*‘ paraphrasiert wird. Dass *comunque* diesen Operatoren semantisch und funktional durchaus entsprechen kann, bestätigt Mazzoleni (1991), indem er adverbiale Elemente wie *comunque, tuttavia, ugualmente, lo stesso* als „elementi di ripresa della proposizione sovraordinata nei costrutti concessivi subordinati" (Mazzoleni 1991: 810) bestimmt. Dies belegt er u. a. mit folgenden Beispielen:

(88) Sebbene questa sciarpa sia molto cara, la comprerò comunque / ugualmente / lo stesso.
(Mazzoleni 1991: 810)

(89) Per giovane che sia, non gli sarà comunque facile riprendersi dopo tre notti passate in piedi.
(ebd.)

(90) Anche se non hai vinto alla lotteria, hai deciso comunque di comprare un'auto nuova?
(ebd.: 812)

Es drängt sich der Eindruck auf, dass die Wörterbücher den Gebrauchstyp (81) bewusst nicht mit ‚tuttavia‘, ‚nonostante ciò‘ etc. paraphrasieren. Doch was könnte der Grund hierfür sein? Soll die Paraphrase ‚in ogni caso/ad ogni modo‘ etwa Potential für ein semantisches Kontinuum zwischen den Bedeutungen ‚in jedem Fall‘ und ‚trotzdem‘ bieten? Oder bereitet die Klassifizierung des Gebrauchstyps (81) schlichtweg große Schwierigkeiten, die womöglich erneut auf die Abgrenzung des nicht-pragmatischen vom pragmatischen Gebrauch zurückzuführen sind? Ja, nicht nur die semantische, sondern auch die funktionale Bestimmung scheint schwerzufallen. So lassen die Wörterbucheinträge offen, ob die Adverb-Variante (81) stets auf eine vorausgehende Proposition im Kotext der Äußerung verweist oder grundsätzlich auch Satzskopus haben kann. Die meisten Beispielsätze bestehen aus nur einer Proposition; einzig der *Zingarelli* (2013) (*è inutile che protesti: devi farlo comunque*) und Dardano (1982) (*non sono d'accordo, c. decidi tu*) stellen hier Ausnahmen dar. In den Beispielen Mazzolenis ((vgl.) (88)-(90)) hat *comunque* hingegen stets Skopus über zwei Propositionen.

Dass das oben vermutete Bedeutungskontinuum zwischen den Polen ‚in ogni caso‘ und ‚tuttavia‘ tatsächlich zu bestehen scheint, zeigt eine kurze Durchschau des *La Repubblica*-Korpus:

(91) Considerato il periodo nel quale viene attuata l'agitazione, inconvenienti e difficoltà per i passeggeri dovrebbero essere contenuti. Non è **comunque** improbabile che lo sciopero crei più di un problema, soprattutto nei porti sardi, a chi aveva prenotato un posto sui traghetti.

(92) E infatti i sanitari del Sant'Orsola, dove Davide e Mauro sono ricoverati, si mostrano cauti sull'esito dell' intervento. Ogni previsione è **comunque** aleatoria prima che la angiografia cerebrale abbia rivelato le reali condizioni delle due testoline, "legate come arance senza un lembo".
(*"La Repubblica" Corpus*)[56]

In (91) wird *comunque* als konzessiver Operator im Sinne von ‚tuttavia‘ gebraucht; es drückt einen Widerspruch zwischen den Propositionen *inconvenienti e difficoltà per i passeggeri dovrebbero essere contenuti* und *non*

---

56 Vgl. dev.sslmit.unibo.it/corpora/corpus.php?path=&name=Repubblica.

è comunque improbabile che lo sciopero crei più di un problema aus und
hat somit Skopus über zwei Propositionen. In (92) entspricht *comunque*
hingegen semantisch der nicht-konzessiven Bedeutung von ,*in ogni caso/
ad ogni modo*' und hat eindeutig Satzskopus. Zudem wurde ein Beleg gefunden, der eine weitere Unterbedeutung andeutet:

> (93) Per il momento dunque l'ipotesi di governo più accreditata rimane la riedizio-
> ne del pentapartito. "Io credo che si debba arrivare **comunque** a una prova
> di grande maturità", dice Mannino. "Abbiamo già fatto in altre occasioni il
> tentativo di cambiare il presidente della Regione e adesso invece è arrivato
> il momento di varare una compagine che dia segnali di compattezza e di
> efficienza".
> (*"La Repubblica" Corpus*)

Hier könnte *comunque* gemäß (83) gar mit ,*in qualunque modo*' paraphrasiert werden; es hat erneut Satzskopus.

Die große Frage, die nun hinter der Diskussion um die Klassifizierung des
Typs (81) steht, ist die folgende: Gibt es eine Adverb-Variante von *comunque*, die der nicht-konzessiven Bedeutung von ,*in ogni caso/ad ogni modo*'
entspricht und die nicht zwangsläufig auf eine vorausgehende Proposition
im Kotext der Trägeräußerung verweist? Oder handelt es sich in den Beispielen (92), (93) womöglich gar nicht um Adverb-Varianten, sondern um
pragmatische Verwendungsweisen? Die Diskussion wird in 2.2.2.3 noch
einmal aufgegriffen werden.

In jedem Fall haben die bisherigen Überlegungen zu den Gebrauchstypen (84)-(86) und (91)-(92) gezeigt, wie nah der pragmatische und der
nicht-pragmatische Gebrauch z. T. beieinander liegen können. So könnte
es in bestimmten Fällen unausweichlich sein, nicht nur von einem Bedeu-
tungs- (vgl. Lichem 1981: 68, Berretta 1984: 242), sondern gar von einem
Gebrauchskontinuum auszugehen, das die semantische, die funktionale und
die formale Ebene des Gebrauchs umfasst.

2.2.2 Der Gebrauch als *segnale discorsivo*

2.2.2.1 *Metatextuelle Ebene*

Als einen typischen Gebrauch von *comunque* beschreiben die Wörterbücher
oft den folgenden:

(94)   comunque [...] usato ellitticamente, con valore conclusivo: *c., penseremo noi a
       ogni cosa* (*GRADIT* 2000, De Mauro 2000) [vgl. auch Battaglia (1961-2002),
       Zingarelli (2013), Palazzi/ Folena (1992)]

Er ähnelt auf dem ersten Blick dem in (84)-(86) beschriebenen Typ. Der
Unterschied liegt darin, dass *comunque* in (94) „valore conclusivo" zugeschrieben wird, was bedeutet, dass es hier primär keinen Widerspruch
ausdrückt. Vielmehr scheinen die Wörterbücher auf die metatextuelle Mikrofunktion der *chiusura* anzuspielen; so scheint *comunque* in (94) das Ende
eines Diskursabschnitts zu markieren. Darüber hinaus könnten, je nachdem,
in was für einen Kontext man den Beispielsatz *comunque, penseremo noi a
ogni cosa* stellt, andere *demarcativo*-Funktionen erfüllt werden. So könnte
comunque als Themenwechselsignal oder als *segnale di inizio/fine digressione* fungieren, ergo einen Themenwechsel einleiten (vgl. auch (15)) oder eine
thematische Abschweifung einleiten oder beenden. Weiterhin kommt für den
Beispielsatz in (94) der Gebrauch als Anfangssignal oder als GS innerhalb
eines Redebeitrags in Frage. Darüber hinaus wird zu überprüfen sein, ob
comunque als Überbrückungssignal (ÜS) fungieren kann, wie es Lichem in
seiner Untersuchung feststellt (vgl. Lichem 1981: 78).

Zudem ist mit Sabatini/Coletti (2007) auf eine Variante hinzuweisen, in
der *comunque* „valore di aggiunta più che di correzione" (*Sabatini Coletti*
2007) habe, vgl.:

(95)   [...] spec. se preceduta da *e*: *le chiavi di casa sono dagli zii, e c. le ha anche
       il portiere*
       (*Sabatini Coletti* 2007)

Die Sequenz *e comunque* stellt in der italienischen Nähesprache erfahrungsgemäß eine gängige Gebrauchsvariante dar. Auf sie wird in der Funktionsanalyse zu achten sein.

Sollte etwa der oben angenommene Gebrauch als *segnale di chiusura*
bestätigt werden, so wäre *comunque* zugleich als DM mit prozeduraler
Bedeutung auf metatextueller Ebene einzustufen, da es in diesem Fall eine
„topic relating"-Funktion (Fraser 1999: 949) erfüllen würde.

2.2.2.2 *Interaktionale Ebene*

Auf interaktionaler Ebene sollte mit *comunque* das Ergreifen des Rederechts
gerechtfertigt werden können, da das SD erfahrungsgemäß oft zu Beginn

eines *turns* auftritt. Die *turn*-Übernahme sollte als gewöhnliche *presa di turno* sowie als *meccanismo di interruzione* erfolgen können. Auch der wiederholte Gebrauch von *comunque* innerhalb eines längeren Redebeitrags als *turn maintaining*-Signal ist denkbar.

2.2.2.3 Kognitive Ebene (im weiten Sinn)

Auf kognitiver Ebene kommt die Klassifizierung als DM mit prozeduraler Bedeutung für den unter (84)-(86) aufgeführten Gebrauchstyp in Frage. In dieser Gebrauchsvariante scheint *comunque* die von Fraser aufgestellten Kriterien in jedweder Hinsicht zu erfüllen. So verbindet es in Äußerungen wie *è stata una cosa improvvisa, c. potevi almeno avvisarmi* (*Zingarelli* 2013), *non so cosa mi aspetta, c. partirò* (Dardano 1982) zwei Diskurssegmente miteinander und drückt (mal mehr, mal weniger explizit) eine adversative oder konzessive Beziehung zwischen diesen aus. Grundsätzlich ist die Tatsache, dass dieser Gebrauchstyp, wie in 2.2.1 gezeigt, z. T. auf der Schwelle zwischen pragmatischer und nicht-pragmatischer Verwendung steht, keineswegs als Argument *gegen* dessen Klassifizierung als DM zu werten: Auch Frasers Typologie der DM-Klasse kann ja in dieser Hinsicht als heterogen gelten (vgl. (69)). Der Tatsache, dass es sich also z. T. um semantisch-pragmatische Beziehungen handelt, die gemäß der traditionellen Grammatik keine ‚adversative' oder ‚konzessive' Funktion im engen Sinn erfüllen, wird fortan terminologisch Rechnung getragen, indem der Funktionstyp (84)-(86) verallgemeinert als ‚kontrastiv' bezeichnet wird[57].

Wie *praticamente* scheint auch *comunque*, dessen Gebrauch in der italienischen Nähesprache erfahrungsgemäß sehr frequent ist, ein erhöhtes Potential zur pragmatischen Abnutzung zu haben (vgl. Lichem 1981: 78). Es könnte sein, dass die pragmatische Entfunktionalisierung so weit geht, dass *comunque* in bestimmten Kontexten als *intercalare* einzustufen ist.

Schließlich ist zu diskutieren, ob *comunque* in bestimmten Gebrauchsweisen als AP im engen Sinn fungieren kann. Wie in 2.2.1 bereits angedeutet, kommt vor allem die Adverb-Variante unter (81) als Vorgänger einer möglichen AP im engen Sinn in Frage. So erfüllt diese Variante das

---

57 Fraser geht aus terminologischer Sicht ähnlich vor, indem er etwa *however* in Beispiel (68), wo es ebenfalls keine konzessive Funktion im engen Sinn erfüllt, als *contrastive marker* (vgl. Fraser 1999: 947) bezeichnet.

grundlegende Kriterium der satzintegrierten Stellung[58]. Zudem kann sie, wie gesehen, konzessiv im Sinne von ‚*tuttavia*' gebraucht werden. Dieser konzessive Wert bzw. die Funktion ‚Ausdrücken eines Widerspruchs' scheint ein gewisses Potential für die Entwicklung eines abtönenden Effekts zu haben. Dies deuten die Beispiele (92), (93) an: Geht man davon aus, dass *comunque* hier abtönt, so wäre der Widerspruch das semantische Merkmal, das das konzessive Adverb als (vermeintliches) nicht-pragmatisches Gegenstück und die (vermeintliche) AP verbindet[59]. In (92) etwa scheint der Sprecher *comunque* zu gebrauchen, um einen im Kontext angelegten Widerspruch zu antizipieren (*ogni previsione è comunque aleatoria*): Es scheint, als wolle er die potentielle Gegenannahme vorwegnehmen, eine Prognose sei zum gegenwärtigen Zeitpunkt *nicht* gewagt. Durch die Vorwegnahme und folglich das Ausschließen potentieller Widersprüche würde *comunque* somit im Sinne von ‚*in ogni caso/ogni modo*' gebraucht werden. Folgt man dieser Lesart, dann wäre *comunque* hier als AP im engen Sinn einzustufen, da es eine Realis-Assertion in eine Präsupposition umwandeln würde und zudem eine mittelfeldähnliche Position einnimmt.

Die alles entscheidende Frage ist jedoch: Wird *comunque* in (92), (93) überhaupt pragmatisch verwendet? Wie in 2.2.1 erläutert, lässt sich diese Frage nicht vollends klären. So kann nicht eindeutig festgestellt werden, ob *comunque* in (92), (93) zum propositionalen Gehalt gehört oder ob es koordinierbar ist. Die Koordinierbarkeit kann man zumindest nicht ausschließen, vgl.:

> (96) ?*Ogni previsione è **comunque e in ogni caso** aleatoria prima che la angiografia abbia rivelato le loro reali condizioni.*

> (97) ?*Io credo che si debba arrivare **comunque ed in ogni modo** a una prova di grande maturità.*

Wertet man *comunque* hier als koordinierbar, so handelt es sich um einen nicht-pragmatischen Gebrauch (vgl. (9)). Interpretiert man *comunque* in (97) als Adverb in der Bedeutung von ‚*in qualunque modo*', so wäre es sogar

---

58 „Modalpartikeln [...] sind in den Satz integriert; man kann daher ceteris paribus davon ausgehen, dass auch ihre Vorgänger syntaktisch in den Satz integriert waren" (Waltereit 2006: 59).

59 Der Unterschied wäre, dass das Adverb diesen Widerspruch performativ herstellt, während die AP ihn voraussetzen würde.

erfragbar: *Com'è che bisogna arrivare a una prova di grande maturità?* - *Comunque.* Es sei zudem hervorgehoben, dass sich jedwede Diskussion um die Klassifizierung erübrigen würde, wenn die im *De Agostini* (1990) beschriebene Variante (83) der in (81) beschriebenen Variante entspräche: So ist *comunque* in dem vom *De Agostini* (1990) aufgeführten Beispielsatz (*Le violazioni della legge devono essere **sempre** e **comunque** punite*) koordinierbar und somit als nicht-pragmatische Variante zu werten.

Solange die italienische Lexiko- und Grammatikographie die (erfahrungsgemäß häufig gebrauchte) Adverb-Variante (81) nicht eindeutig bestimmen, haben diese Überlegungen jedoch letztlich nur spekulativen Wert. Es besteht in jedem Fall auch die Möglichkeit, dass es sich, gemäß der Theorie des Gebrauchskontinuums (vgl. 2.2.1), um eine Variante handelt, die gewissermaßen zwischen den Polen ‚pragmatisch' und ‚nicht-pragmatisch' steht. In der anschließenden Funktionsanalyse könnte eine gründliche Untersuchung des jeweiligen Ko- und Kontextes weitere Erkenntnisse bringen. Hierbei wird u. a. auf das prosodische Kriterium zu achten sein: In (92) und (93) etwa scheint *comunque* den Satzakzent zu tragen, was tendenziell gegen eine Klassifizierung als AP spräche (vgl. 1.3.7.2).

Außerdem wird zu überprüfen sein, ob *comunque* in satzmarginaler Position abtönen und somit als AP im weiten Sinn eingestuft werden kann.

3 Funktionsanalyse

Abstract: In the following a functional analysis of the Italian discourse particles *praticamente* and *comunque* will be carried out. The analysis is based on 100 audio files of the Italian CLIPS corpus, published in 2004 by the University of Naples. Since this corpus contains auditory data, essential communicative factors as context dependence and prosody can be taken into account.

Das für die Funktionsanalyse verwendete *CLIPS*-Korpus[60] enthält im Bereich DIALOGICO rund 240 Audio-Aufnahmen authentischer gesprochener Sprache, die in 15 italienischen Städten durchgeführt wurden. Von den 240 Audio-Dateien wurden in der Analyse all diejenigen berücksichtigt, von denen eine transkribierte Version vorliegt sowie wahlweise einige nicht transkribierte Dateien. So wurden insgesamt ca. 100 Aufnahmen je unterschiedlicher Länge (von minimal drei bis maximal 30 Minuten) analysiert. Die Aufnahmen zeigen spontane dialogische Nähediskurse, die sich inhaltlich auf den Interaktionstyp *map task* beziehen. Beim *map task* sind die beiden GesprächspartnerInnen dazu angehalten, sich zuvor ausgehändigte Zeichnungen gegenseitig zu beschreiben. Hierbei gibt es zwei mögliche Aufgabenstellungen, d. h. die gegenseitige Beschreibung kann zwei unterschiedlichen Zwecken dienen. Im ersten Fall beschreibt Partner$_1$ Partner$_2$ den auf dem eigenen Blatt zu sehenden Verlauf einer Linie, den Partner$_2$ auf seinem Blatt nachzuzeichnen hat. Diese Linie umläuft mehrere Hindernisse in Form kleinerer Abbildungen. Die Partner wissen hierbei nicht, dass sich ihre Zeichnungen in einigen Punkten voneinander unterscheiden, was kommunikativ zu klärende Unstimmigkeiten hervorruft und somit die Spontaneität des Diskurses zusätzlich fördert. Im zweiten Fall beschreiben sich die Partner ebenfalls zwei leicht divergierende Zeichnungen. Der Unterschied zu Fall eins ist, dass sie diesmal um die Ungleichheit wissen und die Aufgabe haben, die Unterschiede gemeinsam herauszuarbeiten. Ein hohes Maß an Kooperation und eine ständige Kontrolle der gegenseitigen Verständigung sind somit aus kommunikativer Sicht in beiden Fällen unabdingbar. Trotz der Spontaneität, der Authentizität und der diatopischen Ausgewogenheit

---

60 Vgl. www.clips.unina.it/it/corpus.jsp.

der analysierten Aufnahmen handelt es sich hierbei letztlich um Diskurse, die zwangsläufig themen- und interaktionstypgebunden sind. Sollte sich der Einfluss dieses Umstands während der Funktionsanalyse in irgendeiner Form bemerkbar machen, so wird hierauf im Folgenden stets hingewiesen.

3.1 Praticamente

3.1.1 Metatextuelle Ebene

3.1.1.1 Anfangssignal und Gliederungssignal innerhalb eines Redebeitrags

Als typischer Beleg für den Gebrauch von *praticamente* als gliederndes Anfangssignal in dialogischen Diskursen kann folgendes Beispiel dienen:

> (98) p1G#167: <inspiration> ma quando ho detto di costeggiare le due macchine e di entrare tra le due macchine scusa te che hai fatto ?
> <lp>
> p2F#168: **praticamente** sono andata verso la macchina grigia
> (*CLIPS*, DGmtA02F (Firenze), Min. 6:32)

Hier markiert *praticamente* den Beginn eines Redebeitrags. Durch die Audio-Aufnahme wird deutlich, dass die Intonationskurve nach *praticaménte* leicht fällt, um dann bei *andáta* einen zweiten kleinen Höhepunkt zu erreichen. Somit setzt die Sprecherin das SD vom Rest der Äußerung leicht ab, was darauf hindeutet, dass *praticamente* zur schrittweisen Planung und Gliederung des Diskurses dient. Zugleich kommt dem SD hier eine *turn taking*-Funktion zu.

Sehr häufig tritt *praticamente* als kombiniertes Anfangssignal auf, hierbei meist an zweiter Stelle und typischerweise auf *allora* folgend, vgl.:

> (99) p2#180: la nuvola che c'è a sinistra f+ <sp> <eeh> ha una specie di <NOISE> {<NOISE> becco , diciamo} <NOISE> nella parte centrale del disegno ?
> <lp> o<oo> tiene tutto il foglio , come com'è fatta ?
> p1#181: no <inspiration> allora **praticamente** <inspiration> spunta dall'angolo in alto a #<p2#182> sinistra# , no ?
> (*CLIPS*, DGtdB03T (Torino), Min. 5:43)

Die das kombinierte Anfangssignal umgebenden Pausen unterstreichen den planenden Charakter der Äußerung. Im Gegensatz zu (98) kommt *praticamente* in diesem Fall keine zusätzliche *turn taking*-Funktion zu, da die

Sprecherin den *turn* bereits zuvor mit *no* übernimmt[61]. Weitere Belege für *allora praticamente* sind in DGmtB01B (Bari) 2:22; DGmtB03D (Bergamo), Min. 0:02; DGmtA01F (Firenze), Min. 7:59 zu finden.

Auch innerhalb eines Redebeitrags kann *praticamente* gliedernde Funktion übernehmen, vgl.:

(100) p2F#390: aspetta <eh!>
p1G#391: #<F#392> <laugh>#
p2F#392: #<G#391> <laugh> praticamente# , c'è questa macchina grigia #<G#393> e io la salto , no ?#
(*CLIPS*, DGmtA02F (Firenze), Min. 16:00)

Sprecherin p2 wahrt zunächst mit *aspetta eh!* das Rederecht und verschafft sich so Zeit für die Planung des Diskurses. Nach einer durch gemeinsames Lachen gefüllten Pause gebraucht sie dann *praticamente*, um die Fortsetzung ihres Redebeitrags zu markieren. In (101) fungiert das GS zugleich als Überbrückungssignal, vgl.:

(101) p1G#55: di paglia <sp> , <eh> a questo punto devi passare sotto<oo> la sedia <lp> e fai / e #<F#56> praticamente# #<F#56> <eh> tu passi# #<F#56> sotto# sotto ai piedi no , della sedia ?
(*CLIPS*, DGmtB01N (Napoli), Min. 3:11) [vgl. auch DGmtA01F (Firenze), Min. 11:02]

Auch für den Gebrauch als GS innerhalb eines Redebeitrags ist die Kombination mit anderen GS, wie *allora* (vgl. DGmtB01B (Bari), Min. 00:20), *poi* (vgl. DGmtB02B (Bari), Min. 6:32) und *cioè* (vgl. DGmtB04R (Roma), Min. 2:20), belegt.

Für *in pratica* ist der Gebrauch als GS ebenfalls mehrfach nachgewiesen. (102) zeigt zunächst die Verwendung als Anfangssignal:

(102) p1G#431: #<F#430> <inspiration> **in pratica** la macchina# #<F#432> grigia#
p2F#432: #<G#431> <eh>#
p1G#433: è come <ehm> è sotto tanto il camion <sp> in quella direzione lì
(*CLIPS*, DGmtA02F (Firenze), Min. 17:23)

---

61 Somit bestätigt der Beleg die Annahme von Koch/Oesterreicher, dass GS zwar häufig, aber nicht immer gleichzeitig auch als *turn taking*-Signale fungieren (vgl. Koch/Oesterreicher 2011: 46).

Da das Rederecht bis zur Äußerung von *in pratica* nicht klar verteilt ist, kommt dem SD hier zugleich eine *turn taking*-Funktion zu. Als GS innerhalb eines Redebeitrags fungiert *in pratica* in DGmtA02F (Firenze), Min. 14:36 (hier in Kombination mit *cioè* und zugleich mit überbrückender Funktion) sowie im folgenden Beleg, wo es auf *perché* folgt:

> (103) p2F#18: #<G#17> <tongue-click> allora io scendo# giù di lì perché **in pratica** <lp> il mio percorso adesso passa tra una farfalla e le stelle (*CLIPS*, DGmtA01D (Bergamo), Min. 00:53)

Auch in diesem Fall geht das GS einer kurzen Pause voraus, die den planenden Charakter des Gebrauchs widerspiegelt.

3.1.1.2 Indicatore di riformulazione

Der angenommene Gebrauch als *indicatore di parafrasi* ließ sich durch zwei Belege bestätigen. Ein prototypischer Fall von Umschreibung liegt etwa im Folgenden vor, wo *praticamente* eine „corrispondenza" (Bazzanella 1995: 248) zwischen den Nominalphrasen *due gobbe* und *una bi* herstellt:

> (104) p1F#689: praticamente sei passato attorno alla torta e al televisore <inspiration> quindi hai disegnato due gobbe **praticamente** una bi no ? (*CLIPS*, DGmtA03T (Torino), Min. 29:30)

Im zweiten Beleg verknüpft das SD das Segment *due righe orizzontali* mit dem Segment *il radiatore*:

> (105) p1#93: <inspiration> ci sono anche due righe orizzontali **praticamente** il radiatore ? (*CLIPS*, DGtdA01D (Bergamo), Min. 3:34)

In beiden Belegen lässt *praticamente* jeweils das umschreibende dem umschriebenen Segment vorausgehen. Hierdurch unterscheidet es sich von *cioè*, das gewöhnlich in umgekehrter Abfolge paraphrasiert (so etwa in (40)).

Darüber hinaus hat die Analyse eine zuvor nicht vermutete Gebrauchsweise von *praticamente* aufgezeigt, und zwar als Korrektursignal:

> (106) p1G#72: #<F#71> del pan di Spagna# perfetto #<F#73> <inspiration> fai# la stesso lo<oo> <tongue-click> <vocal> **praticamente** continua questa curva (*CLIPS*, DGmtA04P (Palermo), Min. 3:10)

(107) p1#267: allora <sp> la chioma è {<laugh> formata da} <laugh>
<inspiration> allora <sp> <eeh> <sp> la prima che passa per l+ /
praticamente attraversa la casa fino al tetto leggermente più alta
(*CLIPS*, DGtdA04O (Perugia), Min. 9:53)

(108) p1G#79: #<F#78> {<laugh> <eh>} <laugh> niente , magari io ho un'altra
figura# però magari nella stessa posizione <eeh> te la faccio<oo> /
praticamente ci devi passare #<F#80> intorno#
(*CLIPS*, DGmtB04E (Parma), Min. 4:22)
[vgl. auch DGmtA01M (Milano), Min. 1:43; DGtdB03T (Torino), Min. 3:11]

Es wäre jedoch angemessener, in diesem Fall nicht von *Korrektursignal*
bzw. *indicatore di correzione*, sondern von einem *indicatore di ripartenza*
zu sprechen. So handelt es sich in allen belegten Fällen um Formulierungsschwierigkeiten, die sich nur durch gänzlichen Abbruch und Neuanfang der
Formulierung beheben lassen, wobei kein korrigierender Rückbezug zum
zuvor Gesagten erkennbar ist. Eine Richtigstellung des Gesagten, wie sie
etwa in (42) zu sehen ist, wird mit *praticamente* nicht vollzogen.

In pratica kann ebenfalls eine *ripartenza* einleiten, wie folgender Beleg
zeigt:

(109) p1G#377: <eh> no ! ma <sp> devi fare / in pratica quando torni indietro
(*CLIPS*, DGmtA02F (Firenze), Min. 15:19)

Hingegen liegt kein Beleg für den Gebrauch als *indicatore di parafrasi* vor;
es ist jedoch davon auszugehen, dass *in pratica* paraphrasierend fungieren
kann.

3.1.1.3 Focalizzatore

Der Gebrauch als *focalizzatore* konnte ebenfalls belegt werden, vgl.:

(110) p1G#67: va be' <sp> <inspiration> poi <ehm> <tongue-click> adesso invece
bisogna andare un po' più sù
p2F#68: <mh>
p1G#69: verso / allora praticamente adesso devi fare una curva
(*CLIPS*, DGmtB03T (Torino), Min. 2:09)

(111) p1G#9: #<F#8> allora tu# praticamente passa col tracciato #<F#10>
sopra la parte su+#
(*CLIPS*, DGmtB01G (Genova), Min. 00:56)

(112) p1G#149: puoi cancellarli <lp> <vocal> tu **praticamente** adesso dovresti
       passare intorno alla #<F#150> freccia <inspiration> mantene+#
       (*CLIPS*, DGmtB04E (Parma), Min. 7:17)

Als *focalizzatore* tritt *praticamente*, anders als in 2.1.2.1 vermutet (vgl. (71)),
in allen gefundenen Belegen jeweils zu Beginn einer Äußerung auf. Die Trägeräußerung stellt jeweils einen aus informationsstruktureller Sicht besonders
relevanten Punkt im Diskurs dar; in (110), (112) geht die Trägeräußerung
sogar mit dem Beginn eines neuen Diskursabschnitts einher. Die fokussierende Funktion von *praticamente* scheint in den obigen Belegen darin zu
bestehen, dem Hörer/der Hörerin zu signalisieren, dass die nachfolgenden
Ausführungen besonders relevant sind, da sie wichtige Informationen über
den weiteren Verlauf des Wegs enthalten. *Praticamente* erzeugt somit eine
gewisse Erwartungshaltung bei den HörerInnen und steigert zugleich deren
Aufmerksamkeit. Typisch ist generell die Kombination mit anderen *focalizzatori* wie *adesso* (vgl. (110), (112)) und *tu* (vgl. (111), (112)); hierbei
fokussiert *praticamente* den Diskurs, während *tu* den Fokus auf den Ge-
sprächspartner legt. In (110)-(112) fungiert *praticamente* zugleich als kombiniertes Anfangssignal.

Grundsätzlich ist nicht auszuschließen, dass es noch andere Gebrauchsvarianten von *praticamente* als *focalizzatore* gibt, die etwa dem in (71)
angenommenen, satzintegrierten Gebrauch nahekommen, und dass die hier
beschriebene Variante z. T. interaktionstypgebunden ist. So wird beim *map
task* vom Sprecher geradezu erwartet, dass er dem Hörer kontinuierlich neue
Anleitungen gibt, deren Produktion und Rezeption eine gewisse mentale
Anstrengung erfordern, was wiederum den Gebrauch „ankündigender"
focalizzatori zu Beginn einer Äußerung oder eines Diskursabschnitts zu
fördern scheint.

Eine besondere Art der Fokussierung zeigt schließlich das folgende Beispiel:

(113) p2#316: sì , allora Cri <inspiration> **praticamente** , no <sp> quando<oo> s+
       <sp> su quel coso dov'è appoggiato <sp> non so come #<p1#317> si chiama#
       (*CLIPS*, DGtdA02F (Firenze), Min. 11:00)

Hier holt sich die Sprecherin durch das nachfolgende *no?* bei der Hörerin gewissermaßen die Bestätigung der Fokussierung selbst ein[62].

Auch für *in pratica* ist der Gebrauch als *focalizzatore* belegt:

(114) p1G#351: cioè , in pratica<aa> <lp> <tongue-click> la parte di s+ <vocal> devi<ii> <inspiration> circondarlo dalla parte di sotto del #<F#352> televisore#
(*CLIPS*, DGmtA02F (Firenze), Min. 14:36)

Der fokussierende Effekt wird in diesem Fall durch eine emphatische Betonung unterstrichen. Zusammen mit *cioè* fungiert *in pratica* hier zugleich als kombiniertes GS.

3.1.1.4 Segnale di chiusura

Es konnten einige Belege gefunden werden, in denen *praticamente* als *segnale di chiusura* das Ende eines Diskursabschnitts oder eines Redebeitrags markiert, vgl.:

(115) p1G#137: sopra la torta esatto ridiscendi / riscendi verso il basso
p2F#138: okay <lp> sì
p1G#139: e **praticamente** ti riavvicini all'altra *liga che avevi fatto prima
(*CLIPS*, DGmtA03T (Torino), Min. 5:03)
[vgl. auch DGmtA02F (Firenze), Min. 2:41, 3:24; DGmtA04P (Palermo), Min. 11:43]

Hierbei ist die Kombination mit vorgeschalteten GS wie *e* und *quindi* äußerst typisch. Sie ist jedoch nicht obligatorisch, wie folgender Beleg zeigt:

(116) p1G#53: <eh> certo #<F#54> devi gira' tutto intorno alla torta# l'unico pe+ / l'unica cosa è che l'ultimo <ehm> segmento della <sp> del<ll> se+ / del cerchio della torta #<F#54> <inspiration># e comincia a anda' diritto
p2F#54: #<G#53> <mh> <lp> sì# <lp> #<G#53> <mh># <lp> #<G#55> sì#
p1G#55: #<F#54> **praticamente**# non chiudi il cerchio
(*CLIPS*, DGmtA04O (Perugia), Min. 2:42) [vgl. auch DGmtA03T (Torino), Min. 15:18]

In diesem Fall kommt *praticamente* gar eine resümierende Funktion zu.

---

62 Hierbei scheint es sich um einen idiolektal bedingten Gebrauch zu handeln, den dieselbe Sprecherin an anderer Stelle in ähnlicher Form wiederholt (vgl. DGmtA02F (Firenze), Min. 17:22).

Intonatorisch zeichnet sich die *chiusura*-Funktion üblicherweise dadurch aus, dass die durch *praticamente* eingeleitete Äußerung einer gegen Ende abfallenden Intonationskurve entspricht.

Auch *in pratica* kann das Ende eines Diskursabschnitts markieren, wie der folgende Beleg verdeutlicht:

(117) p1G#109: te sei arrivata <unclear> {<NOISE> parti} dal se+ / insomma<aa> costeggi il sedere , tutto il fianco <sp> e in {<NOISE> **pratica**} arrivi alla parte di dietro della macchina rossa (*CLIPS*, DGmtA02F (Firenze), Min. 3:54) [vgl. auch DGtdA01D (Bergamo), Min. 1:11]

3.1.1.5 Überbrückungssignal

Wie angenommen, kann *praticamente* als ÜS verwendet werden, ergo dem Sprecher zur Überbrückung von Formulierungs- oder Planungsschwierigkeiten dienen, vgl.:

(118) p2G#112: fai una specie di curva verso destra <inspiration> e devi **pratica-mente** <sp> <ehm> {[creaky-voice] andare} intorno alla mano (*CLIPS*, DGmtB04C (Cagliari), Min. 4:02)

(119) p1G#85: #<F#84> <inspiration> comunque il punto# di arrivo è **pratica-mente<ee>** #<F#86> un<nn> tipo un centimetro# più <ss>su <inspiration> <lp> no più dietro <sp> più su dello schienale della sedia (*CLIPS*, DGmtB01N (Napoli), 4:50) [vgl. auch DGmtB04E (Parma), 00:35; DGtdB03D (Bergamo), Min. 00:26]

(118) zeigt die charakteristischen gefüllten Pausen, die auf das ÜS folgen. In (119) überbrückt die Sprecherin ihren *turn*, indem sie *praticamente* lautlich dehnt. Hier kommt dem ÜS zudem eindeutig eine *turn maintaining*-Funktion zu: Die Sprecherin ergreift zunächst mittels Unterbrechung das Rederecht, gerät jedoch kurz darauf in Formulierungsschwierigkeiten, die sie mit dem lautlich gedehnten *praticamente* überbrückt; dass die lautliche Dehnung zugleich der Wahrung des *turns* dient, zeigt sich, als der Hörer versucht, das Rederecht in Min. 4:53 wiederzuerlangen, die Sprecherin dies jedoch nicht zulässt, indem sie ihre Formulierung fortsetzt. Im folgenden Beispiel fungiert *praticamente* ebenfalls als ÜS und als *turn maintaining*-Signal; jedoch versucht der Sprecher in diesem Fall vergeblich, das Rederecht zu wahren:

(120) p1#301: e<ee> ed è #<p2#302> praticamente<ee> #
p2#302: #<p1#301> <inspiration> guarda# quello che c'è #<p1#303>
sul<ll>#
(*CLIPS*, DGtdB03D (Bergamo), Min. 11:20)

Auch *in pratica* kann als ÜS gebraucht werden:

(121) p1G#3: <tongue click> allora vediamo <breath> <sp> <mhmh> <lp>
<NOISE> <inspiration> <beh> la partenza / <sp> cioé tu in pratica<aa>
<mmh> dove<ee> / dove {[dialect] se ghe te} inizi per andar sotto la pipa
più o meno no <vocal>
(*CLIPS*, DGmtB03V (Venezia), Min. 00:24)

3.1.1.6 *Diskursmarker mit prozeduraler Bedeutung*

Als DM mit prozeduraler Bedeutung kann *praticamente*, wie vermutet,
nur metatextuelle Funktionen übernehmen, so etwa als *segnale di chiusura*
oder als *indicatore di parafrasi*. So verbindet es z. B. in (116) das Diskurssegment *non chiudi il cerchio* mit der vorausgehenden Proposition *l'ultimo
segmento del cerchio della torta comincia ad andare diritto* und hat zudem
eine resümierend-konklusive Funktion. Als *indicatore di parafrasi* verknüpft
es, wie gesehen, ein paraphrasierendes mit einem paraphrasierten Diskurssegment (vgl. (104), (105)). Somit erfüllt es in den genannten Fällen eine
„topic relating"-Funktion (Fraser 1999: 949) und kann als metatextueller
DM klassifiziert werden[63].

3.1.2 Interaktionale Ebene

3.1.2.1 Turn taking-*Signal*

Auf interaktionaler Ebene kann *praticamente*, wie vermutet, als *turn taking*-
Signal bzw. als *segnale di presa di turno* gebraucht werden, wie das folgende
Beispiel zeigt:

(122) p2G#662: [...] invece la mia sei sicura che / dunque l+ / e<ee> aspetta un
attimo <inspiration> dalla televisione /
p1F#663: <vocal> <sp> <inspiration> <tongue click> <noise> <inspiration>
praticamente se tu prendi il foglio orizzontale

---

63 Dies gilt natürlich auch für *in pratica*, das, wie gesehen, ebenfalls als *segnale di
chiusura* fungieren kann (vgl. (117)).

(*CLIPS*, DGmtA03T (Torino), Min. 27:57) [vgl. auch DGmtB01B (Bari), Min. 00:48; DGtdA02G (Genova), Min. 00:31; DGmtA04E (Parma), Min. 7:27]

Hier scheint Sprecher p2 mit der Äußerung *aspetta un attimo, dalla televisione*... das Rederecht bewusst an seine Partnerin abzugeben und sie indirekt dazu aufzufordern, den weiteren Verlauf der Linie zu beschreiben. Die *turn*-Übernahme vollzieht p1 daraufhin mit *praticamente*.

Das SD fungiert hier zugleich als UGS. Das Signalisieren von Ungenauigkeit scheint jedoch insgesamt gegenüber der *turn taking*-Funktion zurückzutreten. Hierfür spricht, dass *praticamente* syntaktisch nicht mit dem nachfolgenden Satz verbunden ist (*praticamente se tu prendi il foglio orrizontale*) und somit dessen propositionalen Gehalt nicht unmittelbar abschwächen kann. Vielmehr schwingt in diesem Fall eine generische Nuance der Ungenauigkeit bzw. Unsicherheit mit[64]. Demnach scheint die Sprecherin *praticamente* in erster Linie zu gebrauchen, um möglichst schnell das Angebot zur *turn*-Übernahme anzunehmen. Grundsätzlich scheint *praticamente* als *turn taking*-Signal von der diskursiven Relevanz der satzeinleitenden UGS-Variante zu profitieren. Als satzeinleitendes UGS[65] (vgl. 3.1.3.2) ist *praticamente* aus diskursiver Sicht besonders relevant, da es eine Äußerung einleitet, die die aus kommunikativer Sicht wichtige Ebene der Präzision betrifft. Der Sprecher kann nun diese diskursive Relevanz „missbrauchen", indem er lediglich vorgibt, mit *praticamente* Ungenauigkeit zu signalisieren, jedoch als eigentliches Ziel die Rechtfertigung der *turn*-Übernahme verfolgt, wie es sich in (122) andeutet.

Auch als *meccanismo di interruzione* kann *praticamente* gebraucht werden, vgl.:

(123) p2G#320: #<F#319> sì# <unclear> il fatto è che #<F#321> io# /
p1F#321: #<G#320> praticamente# il punto rimane <lp> in mezzo <sp> ai due<ee> / alle due figure
(*CLIPS*, DGmtA01T (Torino), Min. 14:09) [vgl. auch DGmtA03T (Torino), Min. 15:26]

---

64 Diese Nuance der Approximation veranlasst die Sprecherin vermutlich dazu, *praticamente* „typischeren" *turn taking*-Elementen wie *allora* oder *dunque* vorzuziehen, da sie sich für den gegebenen Kontext besser eignet.

65 Wie im Anschluss an dieses Unterkapitel gezeigt werden soll, stellt das Signalisieren von Ungenauigkeit die wohl dominanteste Funktion des SD *praticamente* dar.

Hier nutzt p1 die diskursive Relevanz des satzeinleitenden *praticamente* aus, um den *turn* der Partnerin zu unterbrechen.

Schließlich konnte die *turn taking*-Funktion auch für *in pratica* nachgewiesen werden, vgl.:

(124) p2F#430: <ah> <sp> cioè #<G#431> praticamente , no#
p1G#431: #<F#430> <inspiration> in pratica la macchina# #<F#432> grigia#
(*CLIPS*, DGmtA02F (Firenze), Min. 17:23)

Aus akustischer Sicht handelt es sich in diesem Fall um einen *meccanismo di interruzione*, da sich die *turns* der Gesprächspartnerinnen vorübergehend überlagern. Aus technischer Sicht müsste man jedoch strenggenommen von einer *presa di turno* sprechen: So scheint p1 sich zufällig genau in dem Moment zu entschließen, das (zu diesem Zeitpunkt nicht klar vergebene) Rederecht zu ergreifen, in dem auch p2 ihren *turn* beginnt; somit kann die Unterbrechung nicht bewusst erfolgt sein. In jedem Fall zeigt der Beleg, dass *in pratica* potentiell für beide Formen der *turn*-Übernahme geeignet ist.

3.1.2.2 Turn maintaining-*Signal*

Was den Gebrauch als *turn maintaining*-Signal anbelangt, so wurde dieser für *praticamente* bereits in Kapitel 3.1.1.5 mit den Belegen (119), (120) nachgewiesen. In (119), (120) geht die *turn maintaining*-Funktion jeweils mit dem Gebrauch als ÜS einher. Der wiederholte Gebrauch innerhalb eines längeren Redebeitrags, der Koch/Oesterreicher zufolge das Hauptmerkmal der *turn maintaining*-Funktion darstellt (vgl. Koch/Oesterreicher 2011: 48), ist sowohl für *praticamente* als auch für *in pratica* belegt. Auf ihn wird in Kapitel 3.1.3.3 in Zusammenhang mit dem *intercalare*-Gebrauch eingegangen.

3.1.3 Kognitive Ebene (im weiten Sinn)

3.1.3.1 *Ungenauigkeitssignal mit engem Skopus*

Als dominanteste Funktion des SD *praticamente* kann die Abschwächung des propositionalen Gehalts einer Äußerung bzw. das Signalisieren von Ungenauigkeit gemäß der in 1.3.6 gegebenen Definition gelten. Als UGS m. e. S. schwächt *praticamente* stets das unmittelbar folgende Element bzw. den unmittelbar folgenden Teil einer Proposition ab, vgl.:

(125) p1G#103: #<F#102> e adesso c'è# una linea <vocal> **praticamente** curva
che passa <sp> sotto la coda a un centimetro di distanza
(*CLIPS*, DGmtB04E (Parma), Min. 5:18) [vgl. auch DGmtA01C (Cagliari),
Min. 4:03, 8:27; DGmtA03D (Bergamo), Min. 5:50, 6:43]

Hier schwächt es das Adjektiv *curva* ab. Die Sprecherin kann die Exaktheit
bzw. den Wahrheitsgehalt des propositionalen Elements *curva* nicht garantieren und signalisiert somit Ungenauigkeit. Hierbei ist nicht klar, ob die
Linie tatsächlich nicht durchgehend krumm verläuft oder ob die Sprecherin
sich sozusagen aus Prinzip gegen eine potentiell falsche Aussage absichern
möchte, die man bei derart spontanen Einschätzungen nie vollkommen
ausschließen kann. In letzterem Fall wäre der Gebrauch von *praticamente*
in erster Linie durch den *commitment*-Faktor bedingt.

Grundsätzlich kann *praticamente* als UGS m. e. S. in mehreren Satztypen vorkommen. Außer dem mit (125) bereits nachgewiesenen Gebrauch
in Aussagesätzen ist auch die Verwendung in Frage- und Imperativsätzen
belegt, vgl.:

(126) p1G#60: #<F#59> allora# <sp> perfetto allora ri<ii>+ / fermati #<F#61>
a<aa> <ehm># <tongue-click> sei arrivata **praticamente** #<F#61> all'altez-
za# della torta ?
(*CLIPS*, DGmtA04P (Palermo), Min. 2:30)[66]

(127) p2G#146: #<F#145> che io non# ho , no , tu arriva **praticamente** #<F#147>
sotto la punta del cuore#
(*CLIPS*, DGmtB03O (Perugia), Min. 7:51)

Im Fragesatz (126) wird die Angabe *all'altezza della torta* abgeschwächt, im
Imperativsatz (127) wird Ungenauigkeit bezüglich der Angabe *sotto la punta del cuore* signalisiert. Weiterhin kann das UGS m. e. S. gebraucht werden, um ein illokutionsvollziehendes Element abzuschwächen:

(128) p2F#104: cioè , faccio il giro #<G#105> intorno al gatto ?#
p1G#105: #<F#104> sì , esatto# #<F#106> questa e+#
p2F#106: #<G#105> sulla sinistra# <lp> del ga+ / della figura
p1G#107: sì
p2F#108: #<G#109> sì#

---

66 Hier scheint semantisch eine resümierend-konklusive Nuance mitzuschwingen.

p1G#109: #<F#108> <eeh># **praticamente** sì , è<ee> <inspiration> è parallela al co+ / alla coda questa<aa> linea
(*CLIPS*, DGmtB04E (Parma), Min. 5:31)

Praticamente schränkt hier den Sprechakt der Bestätigung ein. Semantisch bezieht sich das bestätigende *sì* – und somit auch *praticamente* – jedoch auf die vorausgehende Proposition *faccio il giro sulla sinistra della figura*. Kein Beleg wurde hingegen für den von *Treccani* (2013) angenommenen holophrastischen Gebrauch des SD gefunden. Vergleicht man den Gebrauch in (74) (*Hai finito i soldi? - Praticamente.*) mit dem Gebrauch in (128), so scheint es sich hierbei jedoch um weitgehend äquivalente Gebrauchsvarianten zu handeln[67].

Der enge Skopus des hier beschriebenen Funktionstyps schließt grundsätzlich nicht das Hinzutreten von Zusatzfunktionen aus, vgl.:

(129) p2G#152: okay e gli passi **praticamente** <inspiration> <eeh> <sp> a un centimetro
(*CLIPS*, DGmtB01O (Perugia), Min. 10:32)

Hier schwächt *praticamente* die Präpositionalphrase *a un centimetro* ab und fungiert zugleich als ÜS.

Kurios ist die scheinbar widersprüchliche Kombination des abschwächenden *praticamente* mit einem verstärkenden SD wie *proprio*[68]:

(130) p2F#70: #<G#69> che dista# praticamente<ee> un tre <sp> <tongue-click> <sp> #<G#71> tre centimetri {[screaming] quattro dal}#
p1G#71: #<F#70> {[screaming <ss>sì sì è **proprio praticamente**}# a metà
(*CLIPS*, DGmtA03D (Bergamo), Min. 2:49)

---

67 Einige von mir befragte italienische Muttersprachler bestätigten die Zulässigkeit des satzwertigen Gebrauchs von *praticamente* in der Nähesprache.

68 Interessanterweise weist auch Bazzanella darauf hin, dass der Gebrauch von *praticamente* teilweise in deutlichem Kontrast zu anderen Elementen steht; sie führt ein Beispiel an, in dem *praticamente* mit dem Satzadverb *sempre* kontrastiert (vgl. Bazzanella 1995: 256). Darüber hinaus zeigte bereits Beispiel (56) die Kombination kontrastierender SD (*sì no*); es scheint sich hierbei somit um ein Charakteristikum bestimmer SD zu handeln, das in bestimmten Kontexten zum Ausdruck kommt.

In diesem Fall scheint es, als diene *praticamente* Sprecherin p1 dazu, den präzisierend-verstärkenden Effekt des vorausgehenden *proprio* im Nachhinein zu kompensieren. Hierdurch vermeidet p1, sich in Bezug auf die genaue Position des beschriebenen Objekts endgültig festzulegen und so eine nie auszuschließende falsche Aussage[69] zu riskieren. Die Abschwächung, die *praticamente* hier als UGS leistet, bedeutet somit zugleich eine Relativierung des *commitments*, die das vorausgehende *proprio* erst erforderlich macht. Auch die umgekehrte Kombination ist belegt und auch in diesem Fall scheint das *commitment* eine Rolle zu spielen:

(131) p2F#122: quindi sono **praticamente proprio** in mezzo <sp> al foglio io
<sp> in #<G#123> questo momento come<ee>#
(*CLIPS*, DGmtB03T (Torino), Min. 4:02)

Beim Versuch, eine möglichst präzise Angabe zu machen (*proprio in mezzo*), sichert sich der Sprecher hier zugleich ab, indem er ein abschwächendes *praticamente* vorschaltet, ergo das *commitment* vorab relativiert.

Noch häufiger ist interessanterweise die Kombination von *praticamente* und dem scheinbar pleonastischen *quasi* zu finden, vgl.:

(132) p1G#96: #<F#97> perfetto# <inspiration> #<F#97> adesso# fai delle linee
proprio rette
p2F#97: #<G#96> <breath># <sp> #<G#96> <laugh># <lp> sì
p1G#98: <inspiration> **quasi praticamente** <eeh> verso sinistra
(*CLIPS*, DGmtA04P (Palermo), Min. 4:04)

(133) p2G#254: #<F#253> passandoci# molto vicino , okay ?
p1F#255: vicino alla coda ?
p2G#256: sì
p1F#257: #<G#258> okay#
p2G#258: #<F#257> **praticamente**# **quasi** attaccato alla coda
(*CLIPS*, DGmtA01F (Firenze), Min. 8:47)

---

69 Beim *map task* ist das Risiko einer falschen Aussage aufgrund der Verschiedenheit der jeweiligen Zeichnungen besonders hoch. So kann sich der Sprecher nie sicher sein, ob seine Beschreibungen und Angaben, ergo der Wahrheitsgehalt seiner Äußerungen, auch in Bezug auf die Zeichnung des Partners Gültigkeit haben.

(134) p2G#190: #<p1F#189> e le altre cinque rimangono di# là <inspiration> l'ultima giù in fondo è la più grande **praticamente quasi** no , arrivi fino a quella
(*CLIPS*, DGmtA01R (Roma), Min. 9:14)[70]

Da es sich um Nähesprache handelt, stellt der Gebrauch pleonastischer Ausdrücke grundsätzlich keine große Überraschung dar. Sowohl *praticamente* als auch *quasi* kommt in den obigen Beispielen eine abschwächende Funktion zu und beide dienen der Relativierung des *commitments*. Dennoch sind auch einige Unterschiede auszumachen, wie etwa bezüglich des Skopus: In allen drei Belegen ist *quasi* Teil des funktionalen Bezugsrahmens von *praticamente*[71]. Zudem scheint sich der semantisch-pragmatische Wert der Partikeln, genauer betrachtet, doch stärker voneinander zu unterscheiden als zunächst angenommen: *Praticamente* lässt sich mit ‚*diciamo*‘ paraphrasieren, während *quasi* einen viel stärkeren Bezug zu seiner lexikalisierten Bedeutung zu haben scheint (vor allem in (133), wo es wahrscheinlich sogar nicht-pragmatisch verwendet wird). Dies könnte zugleich ein Indiz dafür sein, dass *praticamente* eher Ungenauigkeit und Unsicherheit in Bezug auf die Formulierung an sich ausdrückt, während *quasi* z. T. noch Bestandteil des propositionalen Gehalts zu sein scheint. Darüber hinaus fungiert *praticamente* in (132) zugleich als ÜS, wohingegen *quasi* in keinem Beispiel zusätzliche SD-Funktionen übernimmt.

Generell könnte das gemeinsame Auftreten von Elementen wie *praticamente*, *proprio* und *quasi* ein Merkmal des hier analysierten Diskurstyps sein. So spielt die semantische Ebene der Präzision, die den Gebrauch der genannten Elemente maßgeblich bedingt, beim *map task* im Hinblick auf die gegenseitige Verständigung der Partner eine essenzielle Rolle.

Aus distributioneller Sicht ist anzumerken, dass *praticamente* als UGS m. e. S. seltener auch dem jeweiligen Bezugselement folgen kann (wie es bereits in (134) zu sehen war):

---

70 Dieser Beleg zeigt als bisher einziger ein dem Bezugselement nachgestelltes UGS m. e. S.
71 Schematisch könnte man dies wie folgt darstellen: (132): {praticamente {quasi {verso sinistra}}}; (133): {praticamente {quasi {attaccato alla coda}}}; (134): {praticamente {quasi {la più grande}}}.

(135) p2#23: #<p1#22> e allora# è una differenza questa , penso <lp> è verso una
n+ <eeh> la punta della bandiera sta verso la nuvola <sp> e che<ee> a metà
praticamente che <ehm>
(*CLIPS*, DGtdB04R (Roma), Min. 1:16) [vgl. auch DGmtB04E (Parma),
Min. 2:07]

Hier bezieht sich das SD auf die Präpositionalphrase *a metà*. Solche Fälle
treten tendenziell in besonders ungeplanten Äußerungen auf.

Schließlich konnte der Gebrauch als UGS m. e. S. auch für *in pratica*
belegt werden, das im folgenden Beispiel *una mezza luna* abschwächt:

(136) p1G#229: <tongue-click> e poi dopo fai <inspiration> <sp> una<aa>
<breath> **in pratica** una mezzaluna , cioè ci giri intorno fai come
<inspiration> cioè in pratica la torta c'ha<aa> <breath> <sp> tre
quarti di<ii> <vocal> <ehm> circondati , no ?
(*CLIPS*, DGmtA02F (Firenze), Min. 9:39) [vgl. auch DGtdA01D (Bergamo),
Min. 1:18]

3.1.3.2 Ungenauigkeitssignal mit weitem Skopus

Auch der Gebrauch als UGS m. w. S. ist mehrfach belegt. Er zeichnet sich,
wie vermutet, durch eine große distributionelle Variabilität aus, vgl.:

(137) p2F#182: no <sp> **praticamente** dal punto dove eri arrivata te sono scesa
verso quella grigia , alle ruote di quella grigia [...]
(*CLIPS*, DGmtA02F (Firenze), Min. 7:18)

(138) p2#160: e poi ha **praticamente** una parte superiore che assomiglia alla testa
di un funghetto
(*CLIPS*, DGtdB02B (Bari), Min. 6:06)

(139) p1#233: #<p2#232> vabbè la macchia# parte dalla prima<aa> linea
#<p2#234> **praticamente**#
(*CLIPS*, DGtdB02B (Bari), Min. 9:35)

In all diesen Fällen schwächt *praticamente* jeweils die gesamte Proposition
ab. In (137) wird es satzeinleitend gebraucht und folgt auf das *turn taking*-
Signal *no*. Oft wird das satzeinleitende UGS mit vorausgehenden GS wie *e*
oder *cioè* kombiniert, vgl. DGmtA01M (Milano), Min. 00:28, 2:03, 3:13,
8:04. In (138) steht *praticamente* in satzintegrierter Position hinter dem
finiten Verb; in (139) nimmt es die Schlussstellung ein.

Der satzeinleitende UGS-Gebrauch geht oft mit dem Gebrauch als *turn
taking*- (vgl. (122), (123)) und als Anfangssignal (vgl. (98)) einher. Innerhalb eines Satzes gebraucht, kann *praticamente* hingegen schnell zu einem

Überbrückungssignal werden (vgl. (118), (119)). Allein der satzfinale Gebrauch scheint das Hinzutreten interaktionaler oder metatextueller Funktionen weitgehend auszuschließen (vgl. (139)).

Neben dem Gebrauch in Aussagesätzen ist für *praticamente* als UGS m. w. S. auch der Gebrauch in Fragesätzen belegt:

(140) p2F#22: quindi l+ <unclear> va<aa> va verso la coda **praticamente** ?
(*CLIPS*, DGmtB04C (Cagliari), Min. 00:54)

(141) p1#371: è più r+ #<p2#372> grosso il sasso ? <sp> cioè il tuo#
sasso **praticamente** <sp> arriva quasi all'onda ? cioè gli manca poco per l'onda ?
(*CLIPS*, DGtdB03D (Bergamo), Min. 14:45)

(142) p2F#204: #<G#203> **praticamente** , dalla torta# indo' [dialect] devo andare ?
(*CLIPS*, DGmtA02F (Firenze), Min. 8:17)

Die Beispiele zeigen, dass das SD seine distributionelle Vielfalt in Fragesätzen beibehält.

Wie das UGS m. e. S. kann auch das UGS m. w. S. zusammen mit verstärkenden oder abschwächenden Elementen auftreten, vgl.:

(143) p1G#112: <vocal> quando arrivi alla al<ll> <ehm> alla vetta del monte <lp>
p2F#113: sì
p1G#114: cont+ <eeh> fermati
p2F#115: <eh> #<G#116> sì# so+ / mi sono {<NOISE> fermata} <sp>
p1G#116: #<F#115> <vocal># <lp> okay sei **proprio** dove c'è l<ll>+ <eeh> dove c'è la vetta #<F#117> praticamente ?#
(*CLIPS*, DGmtA04P (Palermo), Min. 5:01-5:03)

(144) p1G#152: #<F#151> perfetto# <inspiration> fai **proprio** un segno dove c'è il cofano praticamente
(*CLIPS*, DGmtA04P (Palermo), Min. 6:20-6:22)

(145) p1G#47: <inspiration> <tongue-click> una volta che sei passata col tratteggio tra il cuore e la mano e sotto la seggiola <inspiration> risali leggermente e ti fermi <eeh> tracci il c+/ ti fermi tracciando un punto <inspiration> #<F#48> che conclude il tratteggio# <sp> che praticamente<ee> corrisponde quasi con la parte superiore della spalliera <inspiration> [...]
(*CLIPS*, DGmtB01G (Genova), Min. 2:51-2:53)

(146) p1#113: <ah!> va verso l'antenna <inspiration> ed è / **praticamente** ogni
pezzo sono un centimetro **più o meno** <lp> cioè , ogni #<p2#114> pezzo
in cui è divisa<aa>#
(*CLIPS*, DGtdA01M (Milano), Min. 4:31-4:33)

Was das gemeinsame Auftreten von *praticamente* und *quasi* bzw. *più o meno* betrifft, so ist der gefühlte redundante Effekt zunächst vergleichbar mit dem in (132)-(134); doch auch in diesem Fall handelt es sich nicht um austauschbare Elemente. So divergiert *praticamente* von *quasi* bzw. *più o meno* in (145), (146) bezüglich des Skopus noch deutlicher als in (132)-(134): Das UGS m. w. S. bezieht sich auf die gesamte Proposition, d. h. es schließt *quasi* bzw. *più o meno* wie alle anderen propositionalen Elemente in seinen Bezugsrahmen mit ein; *quasi* und *più o meno* hingegen beziehen sich jeweils auf einen Teil der Proposition. Aus semantisch-pragmatischer Sicht besteht in (145), (146) mindestens der gleiche Unterschied wie in (132)-(134): *Quasi* und *più o meno* weisen einen sehr starken Bezug zu ihrer lexikalisierten Bedeutung sowie zum propositionalen Gehalt der Äußerungen auf, der *praticamente* hingegen gänzlich abgeht.

Was die Kombination der SD *praticamente* und *proprio* anbelangt, so spielt in (143), (144), ähnlich wie in (130), (131), zunächst das *commitment* eine wichtige Rolle. Sowohl in (143) als auch in (144) sichern sich die Sprecherinnen durch das nachgeschobene *praticamente* gegen eine in Bezug auf den Wahrheitsgehalt falsche Äußerung ab. Hierbei scheint *praticamente* erneut eine kompensatorische Funktion zu haben, die sich auf den präzisierend-verstärkenden Effekt des vorausgehenden *proprio* bezieht. Da es sich in (144) um einen Befehl und in (143) um eine Frage mit hoher Erwartungshaltung handelt, könnte *praticamente* zudem eine phatische Funktion erfüllen bzw. Höflichkeit gemäß (48) signalisieren, indem es den weitgehend obligativen Charakter der Sprechakte abschwächt.

Schließlich kann belegt werden, dass auch *in pratica* häufig als UGS m. w. S. gebraucht wird und eine ebenso große distributionelle Variabilität wie *praticamente* aufweist:

(147) p1G#17: #<F#16> e in pra+# <lp> **in pratica** lì scende scende <sp> fino a
l'impostazione della pagina quasi #<F#18> <laugh>#
(*CLIPS*, DGmtB04M (Milano), Min. 00:37)

(148) p1G#47: sale <sp> e **in pratica** in direzione di un oggetto che diciamo che è
quasi al centro della pagina
(*CLIPS*, DGmtB04M (Milano), Min. 1:49)

(149) p2G#578: okay <inspiration> allora <sp> a quel punto li ti+ / vieni ancora
mezzo centimetro **in pratica** #<F#579>
(*CLIPS*, DGmtA03T (Torino), Min. 23:13)

3.1.3.3 Intercalare

Ein Musterbeispiel für den Gebrauch von *praticamente* als *intercalare* stellt
der Abschnitt DGmtB01B (Bari), Min. 00:01-3:23 dar. Hier bedingt die
außerordentlich hohe Gebrauchsfrequenz eine weitgehende pragmatische
Abnutzung des SD. Der übermäßige Gebrauch spiegelt die Drucksituation
wider, in der sich die Sprecherin befindet: Sie hat die Aufgabe, ihrem Gegenüber möglichst präzise und stimmige Anweisungen zu geben. So verwendet sie das SD innerhalb ihres Sprechparts, der 3,23 Minuten dauert,
insgesamt 20 Mal (im Durchschnitt alle 16 Sekunden); innerhalb der ersten
Minute tritt *praticamente* bereits elf Mal auf (im Durchschnitt alle neun
Sekunden). Der Gebrauch von *praticamente* scheint in diesem Fall stark
idiolektal bedingt zu sein.

Was die Äußerungen im Einzelnen angeht, so lassen sich diese im Hinblick
auf den Grad der pragmatischen Abnutzung differenzieren. Am äußersten
Ende des Kontinuums stehen Varianten, die vollständig entfunktionalisiert,
d. h. keinem bestimmten Funktionstyp mehr zuordenbar sind. Eine solche
Variante liegt etwa in Min. 00:56 vor, wo der Skopus und der semantisch-
pragmatische Wert des SD nicht mehr bestimmbar sind. Weiterhin gibt es
Varianten, deren Funktion im Einzelnen durchaus bestimmbar ist, deren
pragmatischer Effekt jedoch dadurch getrübt wird, dass sich ihr Skopus mit
dem eines funktional äquivalenten *praticamente* überschneidet. Ein solcher
Fall von Redundanz tritt in Min. 00:20, 00:24 auf, wo respektive ein vor- und
ein nachgeschaltetes UGS m. w. S. Bezug auf dieselbe Proposition nehmen.
Ein weiterer Indikator für die Klassifizierung als *intercalare* ist grundsätzlich
das Kriterium der Hypoartikulation: Je schneller und undeutlicher ein SD
artikuliert wird, desto mehr ist es Ausdruck pragmatischer Abnutzung (vgl.
Min. 1:12, 2:25). Die meisten der im untersuchten Abschnitt gefundenen
praticamente-Varianten lassen sich im Einzelnen funktional durchaus bestimmen; ihre Klassifizierung als *intercalare* ist somit überwiegend auf die

insgesamt sehr hohe Gebrauchsfrequenz zurückzuführen, die Ausdruck jener in 2.1.2.3.2 beschriebenen „insicurezza psicologica del parlante" (*Sabatini Coletti* 2007) ist.

Folgt man dem Ansatz von Koch/Oesterreicher (vgl. 2011: 46), die den wiederholten Gebrauch innerhalb eines längeren Redebeitrags, wie gesehen, als Merkmal der *turn maintaining*-Funktion werten, so lassen sich viele Varianten im untersuchten Abschnitt ebenso als *turn maintaining*-Signale bestimmen (vgl. u. a. Min. 00:08, 00:12, 00:15, 00:20, 00:24, 00:31, 00:38).

Der *intercalare*-Gebrauch ist für *in pratica* ebenfalls mehrfach belegt. Ein häufiger Gebrauch ist etwa in DGmtA02F (Firenze) seitens der Sprecherin p1 zu beobachten. Stark hypoartikuliert wird das SD u. a. in Min. 3:54, 4:34, 9:42, 14:01, 15:19, 15:21, 18:07, 18:14[72]. In DGmtA02R (Roma) wird *in pratica* (mit diatopisch bedingter Aphärese) öfter von Sprecher p1 verwendet; eine funktionale Überlagerung zweier redundant gebrauchter Varianten ist in Min. 16:17, 16:20 zu finden:

(150) p1F#285: #<p2G#284> <mhmh># <lp> e ce metto 'na -Ics- tipo #<p2G#286>
su dove de+ <lp> cioè 'n pratica# finito 'sto giro delle stelle ce sta l'arrivo
'n pratica
(*CLIPS*, DGmtA02R (Roma), Min. 16:17, 16:20)

3.1.3.4 Abtönungspartikel

Die Möglichkeit der Klassifizierung als AP im engen oder im weiten Sinn hat die durchgeführte Analyse sowohl für *praticamente* als auch für *in pratica* ausgeschlossen. So konnte kein Beleg gefunden werden, in dem die formalen, die funktionalen oder die semantisch-pragmatischen Kriterien für die Einordnung als AP erfüllt sind. Es liegen jedoch einige Belege vor, die *praticamente*, ähnlich wie in Beispiel (77), in abtönungs*ähnlicher* Verwendung zeigen, vgl.:

(151) p1F#103: vabbè <lp> all'altezza del camion ce l'hai ?
<lp>
p2G#104: #<p1F#105> <laugh> più sotto# il camion
p1F#105: #<p2G#104> {[whispering] no vabbè}# <ah>
<lp>

---

72 Dem wiederholten Gebrauch in Min. 15:19, 15:21 könnte man gemäß Koch/
Oesterreicher zudem eine *turn maintaining*-Funktion zuschreiben.

p2G#106: non solo sotto ma<aa> anche più avanti <P> senti no *pratica-*
mente ho sbagliato io Lidia
p1F#107: perché hai #<p2G#108> sbagliato ?#
(*CLIPS*, DGmtA01R (Roma), Min. 5:15)

Durch die Audio-Aufnahme wird deutlich, dass der Prosodie eine zentrale
Rolle zukommt. So ist eine Art Kontrastakzent auf *-ménte* zu verzeichnen.
Dieser prosodisch ausgedrückte Kontrast bezieht sich auf eine im Kontext
angelegte Gegenannahme, die p2 unterstellt und p1 daraufhin tatsächlich
zum Ausdruck bringt, indem sie ihre Verwunderung äußert (*perché hai
sbagliato?*): p1 erwartete die Äußerung *ho sbagliato* von p2 offenbar nicht.
Praticamente scheint nun die Funktion zu haben, die Unvermitteltheit der
Äußerung durch die Vorwegnahme der Gegenannahme zu relativieren,
ergo abzutönen. Genau genommen kommt diese Funktion jedoch nicht
praticamente selbst, sondern ebenjenem Kontrastakzent zu. Demnach tönt
praticamente lediglich mittelbar ab und ist nicht als AP einzustufen[73].

Als bestätigt kann hingegen die semantisch-pragmatische Nuance der
inhaltlichen Klarstellung gelten (vgl. 2.1.2.3.3), die im obigen Beleg auf
ähnliche Weise zum Ausdruck kommt wie in 2.1.2.3.3 für das Beispiel
dice tante cose, ma praticamente non crede in nessuna angenommen. So
signalisiert die Sprecherin in (151) mit *praticamente*, dass die Aussage *ho
sbagliato io* eine inhaltliche Klarstellung darstellt, die aus dem semantisch-
pragmatisch implikatierten Perspektivenwechsel von der theoretischen zur
praktischen Ebene (paraphrasierbar mit ,nicht aus theoretischer, sondern
aus praktischer Sicht betrachtet') abgeleitet wird. Es bietet sich nun an,
die semantisch-pragmatische Nuance ,Präzisierung/inhaltliche Klarstellung'
unabhängig von ihrem prosodisch bedingten Abtönungseffekt genauer in
den Blick zu fassen.

3.1.3.5 Die semantisch-pragmatische Nuance ,Präzisierung/ inhaltliche Klarstellung'

Die semantisch-pragmatische Nuance ,Präzisierung/inhaltliche Klarstellung'
ist mehrfach belegt, vgl. etwa:

---

73 Die Prosodie kann grundsätzlich nicht die Einordnung einer Partikel als AP
bedingen; vielmehr stellt die Prosodie ein eigenständiges Mittel zur Abtönung
dar (vgl. Waltereit 2006: 129ff.).

(152) p2#147: con due puntini <breath>
<lp>
p1#148: {[whispering] <tongue-click> come con due puntini ?}
<lp>
p2#149: {[whispering] sì}
<lp>
p1#150: e allora<aa> <sp> cioè **praticamente** <vocal> vicino la barca ce n'è una a destra una a sinistra #<p2#151> <inspiration> e una sotto# con un puntino
(*CLIPS*, DGtdB04C (Cagliari), Min. 5:26)

Die Gesprächspartnerinnen haben die Aufgabe, Unterschiede in ihren Zeichnungen aufzudecken. Als sich ein solcher Unterschied andeutet, hebt Sprecherin p1 hervor, in welchem Punkt sich ihre Abbildung von der Abbildung der Partnerin unterscheidet (*praticamente vicino la barca ce n'è una a destra, una a sinistra*). So widerspricht sie zugleich indirekt der vorausgehenden Beschreibung ihrer Partnerin. Um nun zu signalisieren, dass sie sich in präzisierend-korrigierender Weise von den Äußerungen ihrer Partnerin absetzt, ergo, dass sie eine inhaltliche Klarstellung vornimmt, gebraucht sie ein kontrastiv akzentuiertes *praticamente*. Dem Kontrastakzent auf -*ménte* kommt somit auch in diesem Fall eine entscheidende Funktion zu. Semantisch-pragmatisch wird die Klarstellung, wie in (151), aus dem implikatierten Perspektivenwechsel von der abstrakt-theoretischen zur konkret-praktischen Ebene abgeleitet.

In DGmtA01B (Bari), Min. 2:22 deutet *praticamente* ebenfalls eine inhaltliche Klarstellung an: Mit der Aussage *(non mi ritrovo perché) adesso mi stai parlando praticamente del televisore che è dalla parte opposta* erklärt der Sprecher zunächst, dass die Wegbeschreibung der Partnerin nicht nachvollziehbar ist, da der *televisore* keinen angemessenen Anhaltspunkt darstellt. Dass es sich bei dieser Aussage um eine inhaltliche Klarstellung handelt, die in Kontrast zu den vorigen Ausführungen der Partnerin steht, signalisiert der Sprecher auch in diesem Fall mit dem kontrastiv akzentuierten *praticamente*. In DGmtA02R (Roma), Min. 10:12-15 bringt der Sprecher mit *praticamente* hingegen eine präzisierende Nuance zum Ausdruck und expliziert diese gar mit der nachfolgenden Paraphrase *per essere precisi*. Die Trägeräußerung (*praticamente le stelle, per essere precisi gli passiamo in mezzo*) steht in diesem Fall nur implizit im Kontrast zu einem im Kontext angelegten Widerspruch: Dieser besteht darin, dass der Sprecher zunächst nicht sicher ist, ob bzw. in welcher Hinsicht die Sterne zu dem vorgegebenen Weg gehören. Kurz darauf distanziert er sich jedoch von dieser Unsicherheit, indem er erklärt, welche Bedeutung den Sternen in der Abbildung zukommt. Er nimmt somit eine Präzisierung des eigenen Standpunktes vor. Diese Präzisierung wird als Nuance angedeutet, indem *praticamente* erneut mit jenem charakteristischen, in diesem Fall mäßig ausfallenden Kontrastakzent akzentuiert wird.

Es sei darauf hingewiesen, dass *praticamente* in der hier beschriebenen Gebrauchsvariante zugleich eine *focalizzatore*-Funktion zukommt, die prosodisch bedingt ist und der in 2.1.2.1 mit Beispiel (71) angenommenen Gebrauchsweise nahekommt[74]. In (152) etwa fokussiert *praticamente* mittels Kontrastakzent die gesamte Trägeräußerung *vicino la barca ce n'è una a destra, una a sinistra*.

Die obige Analyse hat gezeigt, dass die Nuance ‚Präzisierung/inhaltliche Klarstellung‘ sich typischerweise durch zwei Merkmale bzw. Bedingungen auszeichnet: 1. *Praticamente* trägt einen – mal mehr, mal weniger stark artikulierten – Kontrastakzent. 2. Im Kontext ist implizit oder explizit ein Kontrast zwischen dem in der Trägeräußerung geäußerten Standpunkt und mindestens einem weiteren Standpunkt angelegt. Sind diese zwei Bedingungen zugleich erfüllt, so kommt *praticamente* mit großer Wahrscheinlichkeit die Funktion ‚Andeuten einer Präzisierung/inhaltlichen Klarstellung‘ zu[75]. Die Festlegung dieser Bedingungen ist sinnvoll, da sich der hier beschriebene Gebrauchstyp andernfalls weniger deutlich von der UGS-Funktion abgrenzen ließe. So unterscheiden sich diese beiden Gebrauchstypen grundsätzlich nicht in Bezug auf den *Grad* der Präzision (d. h. in Bezug auf ein weitgehend objektives Kriterium), sondern allein in Bezug auf die *Haltung* des Sprechers bezüglich der Genauigkeit der eigenen Äußerung. Die Haltung des Sprechers kann wiederum schwer bestimmbar sein, da sie von zahlreichen Faktoren abhängt und zudem keineswegs eindeutig sein muss. Es folgt ein Beispiel, in dem die genannten Bedingungen nicht vollständig erfüllt sind, sodass eine Abgrenzung der Nuance ‚Präzisierung/inhaltliche Klarstellung‘ von der UGS-Funktion erschwert wird.

---

74 In 3.1.1.3 konnte, wie gesehen, nur der satzeinleitende *focalizzatore*-Gebrauch von *praticamente* nachgewiesen werden.

75 Ob dieser Regel ein absoluter Geltungsanspruch zukommt, wäre durch weitere Funktionsanalysen zu klären.

Analysiert man etwa das prosodische Profil von *praticamente* in (129) (vgl. DGmtB01O (Perugia), Min. 10:32), so ist man zunächst geneigt, die vorgenommene Klassifizierung als UGS m. e. S. in Frage zu stellen: Die Akzentuierung des SD fällt scheinbar, wie in (151) und (152), kontrastiv aus und könnte somit semantisch-pragmatisch als Nuance der Präzisierung gedeutet werden. Die Sprecherin bemüht sich in der Tat um eine möglichst präzise Angabe. Es handelt sich jedoch in diesem Fall eindeutig nicht um einen kontrastiv interpretierbaren Wortakzent: So enthält der Kontext der Äußerung *gli passi praticamente a un centimetro* keinen gegensätzlichen Standpunkt, von dem sich die Trägeräußerung in präzisierend-korrigierender Weise absetzen könnte. Demnach bleibt das zuvor aufgestellte Kriterium des kontextuellen Kontrasts unerfüllt: Ausschlaggebend für die Klassifizierung als Nuance der Präzisierung/Klarstellung ist generell, dass der Sprecher die Intention zeigt, sich in kontrastiver Weise auf eine in der Diskurswelt zugängliche Proposition zu beziehen. Doch wieso ist das Vorhandensein eines Kontrasts so wichtig? Eine zentrale Rolle kommt in diesem Punkt dem *commitment* zu: Wer einer im Kontext angelegten Gegenannahme widerspricht, um eine Präzisierung oder Klarstellung vorzunehmen, verpflichtet sich in besonderem Maße auf den Wahrheitsgehalt der eigenen Aussage, da der Hörer erwartet, dass der Widerspruch gerechtfertigt ist. Die Steigerung des *commitments* ist in diesem Fall also diskursiv besonders relevant, sodass der Sprecher bei einer falschen Aussage mehr „riskieren" würde. Dies bedeutet zugleich, dass der Sprecher sich bezüglich der Genauigkeit seiner Aussage ziemlich sicher sein muss. Man könnte auch sagen: Es ist nahezu ausgeschlossen, dass der Sprecher mit einem kontrastiv gebrauchten *praticamente* Ungenauigkeit signalisieren will. Somit stellt das *commitment* letztlich ein wichtiges Kriterium hinsichtlich der funktionalen Abgrenzung von dem UGS-Gebrauch dar. Da in (129) keine Steigerung des *commitments* zu erkennen ist, ist der *praticamente*-Gebrauch hier weiterhin der UGS-Funktion zuzuordnen.

Abschließend ist auf den Gebrauch von *in pratica* einzugehen. Zwar wurden keine einschlägigen Belege gefunden, in denen das SD die oben formulierten Bedingungen erfüllt; es ist jedoch davon auszugehen, dass *in pratica* die semantisch-pragmatische Nuance ‚Präzisierung/inhaltliche Klarstellung' ebenso wie *praticamente* signalisieren kann.

3.2 Comunque

3.2.1 Metatextuelle Ebene

3.2.1.1 Themenwechselsignal

Wie in 2.2.2.1 angenommen, kommt unter den metatextuellen Funktionen des SD *comunque* der Themenwechselfunktion eine wichtige Rolle zu. Als prototypisches Themenwechselsignal fungiert *comunque* etwa im Folgenden:

> (153) p2#84: #<p1#83> ma <sp> se ce n'è un'altra ce l'ho# proprio sul margine del foglio **comunque** l'uovo <lp> dimmi un attimo da che p+/ <sp> cioè l+/ <inspiration> quanti centimetri disterà dal bambino ?
> (*CLIPS*, DGtdB01G (Genova), Min. 3:09)

> (154) p1#167: <eeh> dunque<ee> vediamo un attimino <inspiration> il collo dell'oca
> p2#168: sì
> p1#169: giusto <lp> da sotto la gola
> p2#170: sì
> p1#171: scendendo
> p2#172: sì
> p1#173: è perfettamente curvo oppure<ee>
> p2#174: <ehm> <sp> abbastanza sì <sp> dritto non è
> p1#175: <mh>
> p2#176: **comunque** i<ii> pois neri sono uno nella testa dell'oca
> (*CLIPS*, DGtdB01G (Genova), Min. 6:47)

In beiden Fällen ermöglicht das SD der Sprecherin, relativ schnell und unvermittelt zu einem gänzlich neuen Topic[76] überzuleiten: In (153) stellt *l'uovo* das neue Topic dar, in (154) sind es die *pois neri*. Das SD drückt hier eindeutig keinen Widerspruch aus, sodass die nicht-pragmatische Bedeutung durch die Themenwechselfunktion nahezu vollständig[77] ersetzt wurde. Als Themenwechselsignal scheint *comunque* weitgehend auf die Anfangsposition des Satzes beschränkt zu sein. So liegen keine Belege vor, die das SD in themenwechselnder Funktion und zugleich nicht am Satzanfang stehend zeigen.

---

76 Es sei darauf hingewiesen, dass der Begriff ‚Topic' in der vorliegenden Arbeit synonym zum Begriff ‚(Diskurs-)Thema' gebraucht wird.
77 Ein Restgehalt der nicht-pragmatischen Bedeutung schwingt wohl, wie in 1.2.1 erklärt, bei jedem SD-Gebrauch zumindest minimal mit.

Einige Belege zeigen, dass die Sprecher *comunque* gebrauchen, um an Referenten oder Propositionen anzuknüpfen, die zuvor schon einmal Topic-Status hatten und den Gesprächspartnern mental noch zugänglich sind. Ein solcher Fall ist in DGmtA03T (Torino) zu beobachten, wo die Sprecherin in Min. 9:29 mit *comunque* an die in Min. 9:13 zuletzt erwähnten *palline* anknüpft. Belege dieser Art deuten auf eine Framer-Funktion von *comunque* hin. Die Framer-Funktion zeigt sich noch deutlicher in solchen Kontexten, in denen *comunque* gebraucht wird, um von einer *digressione* zu einer allgemeineren Ebene des Diskurses zurückzuleiten. Dieser Gebrauchstyp lässt sich zahlreich belegen, vgl.:

(155) p2F#54: #<G#53> [[whispering] <laugh>] e a me non c'è <inspiration> cioè a me c'è ma è quella che tu hai indicato come# rossa <lp> #<G#55> <laugh>#
p1G#55: <ah> sì speriamo che ci stiamo #<F#54> capendo sì <inspiration> <vocal> va be' **comunque#** <vocal> fai un giro completo intorno a questa #<F#56> macchina rossa# <breath>
(*CLIPS*, DGmtA02B (Bari), Min. 2:13)

(156) p2F#22: a venendo dall'alto / #<G#23> tu parti dall'alto# ?
p1G#23: #<F#22> sì <sp> sì#
p2F#24: a io partivo dal #<G#25> basso#
p1G#25: #<F#24> <ah> <sp># allora siamo a posto **comunque** c'è il televisore
(*CLIPS*, DGmtA03T (Torino), Min. 00:58) [vgl. auch DGmtB02E (Parma), Min.0:52]

Die Beispiele veranschaulichen, wie mit *comunque* von einer thematisch gesehen spezifischeren Diskursebene, die der Klärung von Problemen und Unstimmigkeiten dient, zur Hauptdiskursebene zurückgeleitet wird, die inhaltlich das Schildern bzw. Erschließen des richtigen Wegs, ergo die Hauptaufgabe des Interaktionstyps *map task* betrifft. In (155) folgt *comunque* auf *vabbè*, das das Ende des thematischen Exkurses markiert und somit als *segnale di fine digressione* fungiert; in (156) fehlt ein solches Element. Insgesamt kann die Framer-Funktion als eine Variante der Themenwechselfunktion angesehen werden, da der Übergang zu einem neuen Thema das Hauptmerkmal beider Funktionstypen darstellt. Es sei darauf hingewiesen, dass der häufige Rückgriff auf die Framer-Funktion wohl z. T. als Charakteristik des hier untersuchten Diskurstyps anzusehen ist: So findet beim *map task* der Wechsel zwischen der Hauptdiskursebene und einer thematisch spezifischeren Ebene, auf der Unstimmigkeiten geklärt werden, kontinuierlich statt. Abschließend sei ein ungewöhnlicher Beleg angeführt, der zeigt, dass die Rückleitung zur Hauptdiskursebene offenbar auch durch ein isoliert gebrauchtes *comunque* mit interrogativer Intonation beim Partner erfragt werden kann:

(157) p2G#130: #<F#129> {<laugh> vabbè non}# ti mettere a cancellare #<F#131> tanto<oo>#
p1F#131: #<G#130> vabbè **comunque** ?#
p2G#132: <inspiration> adesso <clear-throath> il tuo percorso <sp> deve aggirare questa mano quasi completamente
(*CLIPS*, DGmtB01N (Napoli), Min. 8:02)

Wie eingangs erwähnt, lassen sich mit *comunque* teils sehr unvermittelte Themenwechsel problemlos vornehmen. Doch wie ist dies zu erklären? Es ist anzunehmen[78], dass die Themenwechselfunktion aus diachroner Sicht aus dem satzeinleitenden Gebrauch von *comunque* als kontrastivem DM (vgl. (84)-(86)) hervorgegangen ist. Wer zu Beginn einer Äußerung einen Widerspruch andeutet, verleiht seiner Äußerung eine besonders hohe diskursive Relevanz. Die Äußerung eines Widerspruchs geht wiederum üblicherweise mit der Einführung eines neuen Sachverhalts einher. Nun kann es sein, dass der Sprecher die diskursive Relevanz des kontrastiven *comunque* „missbraucht", indem er vorgibt, einen Widerspruch einzuleiten, in Wahrheit jedoch darauf bedacht ist, diskursiv den Übergang zu einem neuen Sachverhalt bzw. Topic zu rechtfertigen. So wird das Einführen eines neuen Sachverhalts, das ursprünglich ein Merkmal des kontrastiven Gebrauchs des satzeinleitenden *comunque* war, zu einer eigenständigen pragmatischen Funktion. Dies erklärt auch, warum die Abgrenzung der beiden diachron zusammenhängenden Gebrauchstypen oft schwierig ist, wie Kapitel 3.2.3.1 zeigen wird.

Auch von anderen Funktionstypen, wie dem Gebrauch als Anfangssignal (vgl. 3.2.1.3) oder als *turn taking*-Signal (vgl. 3.2.2.1), lässt sich die Themenwechselfunktion mitunter schwer unterscheiden; auch diese Funktionstypen profitieren von der diskursiven Relevanz des satzeinleitenden *comunque*.

---

78 Die folgende Analyse orientiert sich an den Theorien Waltereits zur Entstehung von Abtönungsformen und Diskurspartikeln (vgl. Waltereit 2006: 97f.).

3.2.1.2 Segnale di inizio/fine digressione

Im vorigen Unterkapitel wurde die Framer-Funktion bestimmt, deren typischer Gebrauchskontext sich dadurch auszeichnet, dass *comunque* auf das Ende einer *digressione* folgt (vgl. (155), (156)). Es gibt jedoch auch Fälle, in denen *comunque* selbst als *segnale di fine digressione* fungiert, vgl.:

(158) p2F#56: <NOISE> #<G#55> <NOISE># #<G#55> io ho l'impressione#
#<G#55> <vocal># <lp> sì , ma io ho l'impressione che tu non mi stia
dando le<ee> <mh> diciamo gli orientamenti giusti perché #<G#57> da
come#
p1G#57: #<F#56> perché ?#
p2F#58: e perché tu in effetti secondo me calcoli sinistra e
destra secondo la tua prospettiva #<G#59> <inspiration>#
p1G#59: #<F#58> hai ragione# , può essere che è vero
p2F#60: **comunque** vabbè , io adesso a questo punto #<G#61> io vado#
(*CLIPS*, DGmtB01N (Napoli), Min. 3:24) [vgl. auch DGmtA01M (Milano),
Min. 9:57]

Da erst mit *vabbè* der thematische Exkurs vollständig beendet ist und *comunque vabbè* vorausgeht, kann *comunque* hier keine überleitende Funktion haben. Vielmehr dient es dazu, das Ende des thematischen Exkurses zu markieren. Es schafft somit erst die Voraussetzung für eine thematische Überleitung.

Es ist darauf hinzuweisen, dass die Klassifizierung als *segnale di fine digressione* grundsätzlich nicht in Widerspruch zu der Klassifizierung als Anfangssignal steht, die für (158) ebenfalls in Frage käme. So ist die thematische Struktur von der dialogischen Struktur des Diskurses zu unterscheiden: Auf thematischer Ebene beendet *comunque* in (158) eine *digressione*, während es aus dialogischer Sicht den Beginn eines neuen Redebeitrags markiert.

Fehlt ein nachgefügtes Element wie *vabbè*, so muss an akustisch-prosodischen Kriterien festgemacht werden, ob mit *comunque* eher die Beendung einer *digressione* oder die Überleitung zu einem neuen Topic vorgenommen wird. In (156) etwa schließt die Sprecherin prosodisch mit *comunque* unmittelbar an die folgende Äußerung an, sodass dem SD überleitende Funktion zukommt. Es gibt jedoch auch eine Variante, die eindeutig eine *fine digressione* markiert, vgl.:

(159) p2#76: #<p1#75> nel# <lp> #<p1#77> <eeh> ci so+ / c'è una differenza qua#
p1#77: #<p2#76> <vocal> io spero che non ci prenderà nessuno per# cretini
dopo che abbiamo #<p2#78> fatto questa cosa , comunque <NOISE>
<vocal>#
p2#78: #<p1#77> <inspiration> c'è sicuro una differenza# qua
(*CLIPS*, DGtdB03P (Palermo), Min. 2:53)

(160) p2G#42: #<F#41> <tongue-click> quindi# vai <sp> dritto un po' , poi giri
un po' a sinistra <sp> <inspiration> ma di poco perché poi dovrai tornar
su <lp> <tongue click> okay ?
<lp>
p1F#43: sì <sp> faccio un po' fatica visto che non ho la barchetta , comunque
p2G#44: va be' , ma la barchetta tanto è proprio sopra la #<F#45> seggiola ,
in pratica#
(*CLIPS*, DGmtB02E (Parma), Min. 2:08)

Wie die Belege zeigen, zeichnet sich diese Variante prosodisch dadurch aus,
dass die Sprecher dem SD jeweils eine leere Pause folgen lassen und es mit
fallender Intonation artikulieren. So signalisieren sie, dass sie mit *comunque*
keine Themenüberleitung vollziehen wollen. Zudem fällt auf, dass *comunque* in beiden Belegen nicht nur das Ende einer *digressione*, sondern zugleich
auch das Ende eines Redebeitrags markiert.

Allgemein ist darauf hinzuweisen, dass der in (158)-(160) beschriebene
Funktionstyp vermutlich nicht auf die Mikrofunktion *fine digressione* beschränkt ist. Hingegen ist anzunehmen, dass mit dieser Gebrauchsvariante
auch das Ende größerer Diskursabschnitte markiert werden kann, die *keinen* thematischen Exkurs darstellen.

Der Gebrauch als *segnale di inizio digressione* ist hingegen äußerst spärlich belegt. Der einzige Beleg, der die Überleitung zu einer *digressione* durch
comunque andeutet, ist der folgende:

(161) p1#33: #<p2#32> vediamo# il bimbo vediamo allora
<sp>
p2#34: {[whispering] <eh>} <sp> <tongue-click> quanti ne ha di questi<ii>
segnali nel #<p1#35> cor+#
p1#35: #<p2#34> comunque io# sono <vocal> <sp> per farti capire #<p2#36>
<un clear>#
p2#36: #<p1#35> l'ombelico# ce l'ha ?
(*CLIPS*, DGtdB03P (Palermo), Min. 00:59)

Hier scheint es, als wolle p1 die thematische Hauptebene des Diskurses
verlassen, um zu einer präzisierenden Ausführung überzuleiten. Er kommt

nicht dazu, seinen Exkurs fortzuführen, da p2 ihn unterbricht. Der Beleg zeigt jedoch, dass der Beginn einer *digressione* mit *comunque* grundsätzlich problemlos markiert werden kann.

3.2.1.3 *Anfangssignal und Gliederungssignal innerhalb eines Redebeitrags*

Eine gliedernde Funktion als Anfangssignal in einem dialogischen Diskurs kommt *comunque* im folgenden Beispiel zu:

> (162) p2G#168: {[whispering] <ah> o_kay> <breath> <inspiration> <tongue-click> **comunque** allora tu fai partire la linea <sp> da dove sei arrivato tu (*CLIPS*, DGmtB03C (Cagliari), Min. 10:49)

Hier gebraucht die Sprecherin *comunque*, um nach dem Ende des Partner-*turns* und einer hierauf folgenden Pause den Anfang eines neuen Redebeitrags zu markieren. Das GS bildet eine von zwei kurzen Pausen umgebene Intonationseinheit, was den planend-strukturierenden Charakter des Gebrauchs unterstreicht. *Comunque* hat in diesem Fall zugleich eine themenüberleitende Funktion.

Den Gebrauch als GS innerhalb eines Redebeitrags zeigen die folgenden Beispiele:

> (163) p2G#353: <inspiration> dopodiché alla zampa<aa> <ehm> questa è la sua zampa de+ no sinistra sare+ vabbè comunque #<F#354> quella più<uu> <vocal> esterna#
> p1F#354: #<G#353> okay <lp> più evidente#
> p2G#355: #<F#356> sì#
> p1F#356: #<G#355> okay#
> p2G#357: <inspiration> **comunque** da questa zampa scendi un poco verso destra
> (*CLIPS*, DGmtA04P (Palermo), Min. 14:11)

> (164) p2G#110: ecco <sp> tu passi a questo punto tra la barca e la pipa evidentemente <sp> e sali ancora
> <sp>
> p1F#111: ma evidentemente non molto perché <sp> sta tutta da un'altra parte **comunque**<ee> #<G#112> come ci arrivo mo [dialect] alla pipa ? <sp> avevi ragione no# {<laugh> avevi ragione tu !}
> (*CLIPS*, DGmtB01N (Napoli), Min. 6:38)

In (163) gebraucht die Sprecherin *comunque*, um nach mehreren schnellen *turn*-Wechseln durch bestätigende SD (*okay*, *sì*) ihren Diskurs neu zu ordnen und den kurzzeitig unterbrochenen Redebeitrag fortzusetzen. In (164) markiert *comunque* den Übergang zu einem neuen Topic; durch die lautliche Dehnung des Schlussvokals – *comunque* fungiert hier zugleich als ÜS – gewinnt die Sprecherin Zeit, um die Fortsetzung ihres Redebeitrags zu planen.

3.2.1.4 Segnale di chiusura

Als *segnale di chiusura* fungiert *comunque* im folgenden Beispiel:

> (165) p1G#15: #<F#14> comunque la partenza sta sotto il gelato# all'incrocio
> <inspiration> delle direttive tra gelato e bar
> (*CLIPS*, DGmtB02G (Genova), Min. 00:41)

Das SD leitet hier eine resümierende Beschreibung ein, mit der die Sprecherin zusammenfasst, wo sich die *partenza* genau befindet. Die resümierende Beschreibung stellt zugleich das Ende eines Diskursabschnitts dar, das *comunque* somit markiert.

Weiterhin liegen Belege vor, in denen *comunque* lediglich eine konklusive Nuance zukommt, wie sie letztlich auch die Wörterbücher überwiegend beschreiben (vgl. (94)):

> (166) p1F#275: #<G#274> e poi# dopo degli occhiali da sole<ee> #<G#276> e
> un lupo# e un<nn> {<NOISE> petti_ne}
> p2G#276: #<F#275> e un lupo# <lp> perfetto io il pettine non ce l'ho
> comunque è lo stesso <inspiration> [...]
> (*CLIPS*, DGmtA04E (Parma), Min. 8:33) [vgl. auch DGmtB02E (Parma),
> Min. 5:10]

Im Vergleich zu *praticamente* fällt auf, dass *comunque* als *segnale di chiusura* grundsätzlich nicht in Kombination mit anderen SD auftritt. Dies könnte auf die dominante Themenwechselfunktion zurückzuführen sein, die auch in (165), (166) mitschwingt und offenbar „ausreicht", um die Überleitung zu einer *chiusura* herzustellen. Beim Gebrauch von *praticamente* scheinen die Sprecher hingegen oft (jedoch nicht immer) auf verknüpfende SD wie *e* angewiesen zu sein, um eine *chiusura* einzuleiten (vgl. 3.1.1.4).

3.2.1.5 Valore di aggiunta *(Typ ,e comunque')*

Für die von Sabatini/Coletti (2007) angeführte und als *valore di aggiunta* beschriebene Variante *e comunque* (vgl. (95)) konnte kein Beleg gefunden werden. Dies verwundert etwas, da es sich hierbei erfahrungsgemäß um eine in der italienischen Nähesprache gängige Gebrauchsvariante handelt. Es wären somit weitere Recherchen durchzuführen, um auch den Funktionstyp ,*e comunque*' analysieren zu können.

3.2.1.6 *Überbrückungssignal*

Der Gebrauch als ÜS konnte wie vermutet nachgewiesen werden. Als Beispiel kann der bereits angeführte Beleg (164) dienen, wo *comunque* zugleich als GS innerhalb eines Redebeitrags sowie als Themenwechselsignal fungiert (vgl. 3.2.1.3). Der Beleg zeigt die charakteristische lautliche Dehnung des Schlussvokals *e*, mit der die Sprecherin die nach dem abrupten Themenwechsel aufgetretenen Planungsschwierigkeiten überbrückt. Ein ähnlicher Fall liegt im Folgenden vor:

> (167) vabbè# è uguale <sp> **comunque** <ee> quest+ / c'ha due<ee> due segnetti però
> (*CLIPS*, DGtdB04R (Roma), Min. 5:52)[79]

Auch hier werden die nach dem Themenwechsel auftretenden Planungs- und Formulierungsschwierigkeiten durch die Verlängerung des Schlussvokals überbrückt.

3.2.1.7 *Diskursmarker mit prozeduraler Bedeutung*

Schließlich kann *comunque* als DM mit prozeduraler Bedeutung auf metatextueller Ebene klassifiziert werden, da es etwa in der Rolle als Themenwechselsignal (vgl. 3.2.1.1) oder als *segnale di chiusura* (vgl. 3.2.1.4) zwei oder mehrere Diskurssegmente miteinander verknüpft und somit den Kriterien Frasers genügt. Als Framer gebraucht (vgl. (155)-(156)), kann es sogar zeitlich sehr weit auseinander liegende Diskurssegmente miteinander verknüpfen.

---

79 Dieser Beleg wurde bereits aus Bazzanella (2005: 151) zitiert (vgl. (14)) und während der Korpusrecherche im *CLIPS*-Korpus wiedergefunden.

3.2.2 Interaktionale Ebene

3.2.2.1 Turn taking-*Signal*

Mit *comunque* kann erwartungsgemäß eine *presa di turno* vollzogen werden, wie die folgenden Belege zeigen:

(168) p1#363: #<p2#362> {<laugh> <aa>ltro lapis !} <sp> <laugh> <sp> {<laugh> no !}#
p2#364: **comunque** , <eh!> la dimensione più o meno era quella <inspiration> <sp> <eeh> a me mi sembra siano tipo otto centimetri , hai ragione te
(*CLIPS*, DGtdB04F (Firenze), Min. 12:59)

(169) p2F#42: sì , #<G#41> anche se probabilmente# ho sbagliato l'orientamento <sp> comunque
p1G#43: <vocal> **comunque** tu cerca di costeggiare l'emisfero sinistro alto del cuore
(*CLIPS*, DGmtB01N (Napoli), Min. 2:22)

In beiden Fällen nutzt der Sprecher bzw. die Sprecherin die diskursive Relevanz des satzeinleitenden *comunque* (vgl. 3.2.1.1), um die *turn*-Übernahme zu rechtfertigen. Zugleich fungiert *comunque* hier als Themenwechselsignal: Wie in 3.2.1.1 angedeutet, gehen die *turn taking*- und die Themenwechselfunktion oft miteinander einher. Einen besonderen Fall zeigt (169): Hier ergreift p1 mit *comunque* das Rederecht, nachdem bereits p2 *comunque* gebraucht hat, um seinen *turn* zu beenden[80]. Vorausgesetzt, p1 hat sich von p2 in der SD-Wahl unbewusst beeinflussen lassen, so könnte man in diesem Fall von einem „innesco" (Bazzanella 1995: 228) sprechen.

Auch die Unterbrechung des Partner-*turns* kann mit *comunque* diskursiv gerechtfertigt werden. Als *meccanismo di interruzione* fungiert das SD etwa im Folgenden:

(170) p2F#84: #<G#83> quindi io penso che ho fatto# esattamente diciamo il contrario di come è la tua prospettiva <inspiration> <eeh> adesso è chiaro che <sp> per tornare alla sedia in qualche modo devo #<G#85> fare un<nn> una linea#

---

80 Der *comunque*-Gebrauch von p2 scheint der in (159), (160) aufgeführten Variante zu entsprechen.

p1G#85: #<F#84> <inspiration> comunque il punto# di arrivo è pratica-
mente<ee> #<F#86> un<nn> tipo un centimetro# più <ss>su <inspiration>
<lp> no più dietro <sp> più su dello schienale della sedia
(*CLIPS*, DGmtB01N (Napoli), Min. 4:49) [vgl. auch DGmtA01C (Cagliari), Min. 8:26]

Auch in diesem Fall geht die *turn*-Übernahme, wie in (168), (169), mit einem
Themenwechsel einher. Hingegen zeigt DGmtB02P (Palermo), Min. 7:20
einen Fall, in dem die Unterbrechung des Partner-*turns* nicht auf Anhieb
gelingt.

3.2.2.2 Turn maintaining-*Signal*

Der wiederholte Gebrauch innerhalb eines längeren Redebeitrags, mit dem
der Sprecher die Beibehaltung des Rederechts bezwecken möchte, konnte
für *comunque* hingegen nicht belegt werden. Es könnte jedoch sein, dass
comunque in (164), (167) zusätzlich zur überbrückenden eine *turn maintaining*-Funktion übernimmt. Dies gilt auch für den Gebrauch in DGmtA04P
(Palermo), Min. 2:13, wo die Sprecherin jedoch vergeblich versucht, den
turn zu halten: Sie wird noch während der lautlichen Dehnung des Schlussvokals von ihrer Partnerin unterbrochen.

Schließlich sei erneut auf den etwas ungewöhnlichen Beleg (157) hingewiesen, der *comunque* gar in der Rolle eines *turn* abgebenden SD zeigt.

3.2.3 Kognitive Ebene (im weiten Sinn)

3.2.3.1 Diskursmarker mit prozeduraler Bedeutung

Wie angenommen, kann *comunque* als DM mit prozeduraler Bedeutung
gebraucht werden und einen semantisch-pragmatischen Kontrast zwischen
zwei Diskurssegmenten ausdrücken, vgl.:

(171) p2F#32: {<laugh> <eeh>} <inspiration> a destra della televisione non
hai degli sci<ii> ?
p1G#33: no
p2F#34: <mh>
p1G#35: sì <sp> <vocal> comu+ <sp> <ehm> #<F#36> comunque# posso
immaginà' dove siano vesti [dialect] sci
(*CLIPS*, DGmtA01F (Firenze), Min. 1:32)

Hier setzt der Sprecher mit *comunque* die Proposition *posso immaginare dove siano questi sci* in eine kontrastive Beziehung zur vorausgehenden Proposition *a destra della televisione non hai degli sci*: Obwohl die Zeichnung des Sprechers keine Ski-Abbildung enthält, sieht dieser sich in der Lage, die Ski als imaginären Orientierungspunkt festzulegen. *Comunque* kann hier mit ‚*tuttavia*' paraphrasiert werden.

Die distributionelle Variabilität dieses Gebrauchstyps, die sich bereits in 2.2.1 andeutete (vgl. (84)-(86)), konnte durch die Korpusanalyse bestätigt werden. Die Anfangsposition wurde bereits mit dem obigen Beispiel belegt, ein weiterer Nachweis ist in DGmtA02R (Roma), Min. 13:34 zu finden. Zudem zeigen die folgenden Beispiele das SD respektive innerhalb und am Ende eines Satzes:

(172) p1F#233: #<p2G#232> o forse là so'# disposte diverse #<p2G#234> <lp>
può darsi de sì#
p2G#234: #<p1F#233> e son disposte<ee> sì# le mie so' un po'<oo> mi-
schiate dentro
p1F#235: okay <sp> allora <mbè> <sp> diciamo che io scendo **comunque**
da <lp> da questa palletta <lp> e m+ / entro dentro tra le due pallette
(*CLIPS*, DGmtA02R (Roma), Min. 12:34) [vgl. auch DGmtA01L (Lecce),
Min. 7:20]

(173) p1G#31: tu sei a circa un centimetro e mezzo dalla sedia ?
p2F#32: sì <sp> #<G#33> sì#
p1G#33: #<F#32> okay#
p2F#34: <vocal> veramente un po' di meno #<G#35> però , sì#
p1G#35: #<F#34> sì sì# sì va #<F#36> bene **comunque**#
(*CLIPS*, DGmtB03T (Torino), Min. 1:14) [vgl. auch DGtdA01T (Torino),
Min. 5:45]

In (172) besteht der semantisch-pragmatische Kontrast darin, dass Sprecher p1 die Zeichnung der Linie in die geplante Richtung fortsetzt (*io scendo comunque da questa palletta*), obwohl er mittlerweile weiß, dass die *pallette*, die das nächste Hindernis darstellen, in der Zeichnung des Partners anders angeordnet sind als auf der eigenen (*là so' disposte diverse*). In (173) bezieht sich der semantisch-pragmatische Kontrast darauf, dass Sprecherin p1 dem Partner eine geringe Abweichung (*veramente un po' di meno*) von der Angabe *a circa un centimetro e mezzo dalla sedia* zugesteht (*va bene comunque*). In beiden Beispielen könnte *comunque* jeweils mit ‚*ugualmente*' oder ‚*lo stesso*' paraphrasiert werden.

Wie in 3.2.1.1 bereits angedeutet, ist die hier analysierte DM-Funktion mitunter schwer von der Themenwechselfunktion abzugrenzen. Dies verdeutlichen Belege wie DGmtA01B (Bari), Min. 5:04, wo *comunque* das Trägersement (*Comunque… la linea dovrebbe unificare i due maggioloni in modo obliquo*) in eine kontrastive Beziehung zu mehreren vorausgehenden Segmenten setzt und zugleich von einer thematisch spezifischeren Ebene zur Hauptdiskursebene zurückleitet. Man siehe auch den bereits erwähnten Beleg DGmtA02R (Roma), Min. 13:34: Hier knüpft der Sprecher mit der Äußerung *comunque, non è da girarci intorno* thematisch an eine vorige Äußerung des Partners an (*giro intorno a questa*), der zwischenzeitlich zu einem neuen Topic übergegangen ist (*poi, rispetto alle altre?*); zugleich drückt der Sprecher mit *comunque* einen inhaltlichen Widerspruch zwischen den beiden Segmenten aus.

3.2.3.2 Intercalare

Der *intercalare*-Gebrauch von *comunque* konnte insgesamt nicht eindeutig belegt werden. Vor allem eine übermäßig hohe Gebrauchsfrequenz, die als das Hauptmerkmal pragmatischer Abnutzung gelten kann, konnte nicht nachgewiesen werden[81]. Auch andere *intercalare*-Merkmale, wie ein aus funktionaler Sicht nicht zuordenbarer Gebrauch oder eine Skopus-Überlagerung zweier äquivalenter Elemente, konnten nicht festgestellt werden. Dies überrascht ein wenig, da in 2.2.2.3 angenommen wurde, dass *comunque* und *praticamente* ein ähnlich großes Potenzial zur pragmatischen Entfunktionalisierung haben. Als einziges hin und wieder auftretendes Merkmal pragmatischer Abnutzung kann die Hypoartikulation genannt werden, vgl. etwa DGmtA02B (Bari), Min. 1:01 und DGmtA04P (Palermo), Min. 3:25.

3.2.3.3 Abtönungspartikel

Für die Klassifizierung als AP gemäß dem Konzept von Waltereit (2006) kommen mehrere Gebrauchsvarianten von *comunque* in Frage.

---

81 Überhaupt fällt auf, dass insgesamt mehr Belege für *praticamente* als für *comunque* vorliegen. Dies könnte auf den hier untersuchten Diskurstyp *map task* zurückzuführen sein, bei dem die semantische Ebene der Präzision, die den *praticamente*-Gebrauch grundsätzlich charakterisiert, eine sehr wichtige Rolle spielt.

3.2.3.3.1 Abtönungspartikel im weiten Sinn

3.2.3.3.1.1 Der satzfinale Gebrauch

(174) Particolare l'uso di *comunque* in:
p2#79: è chiuso *comunque* il #<p1#80> becco#
che pare escludere *a priori* una possibilità di differenza, focalizzandola
(Bazzanella 2005: 151)

Dieser aus Bazzanella (2005) zitierte Beleg, der im *CLIPS*-Korpus wiedergefunden werden konnte (vgl. DGtdB04R (Roma), Min. 3:31) enthält eine Gebrauchsvariante, die *comunque* in satzmarginaler Stellung zeigt. Das SD steht zwar nicht am äußersten Satzende, nimmt jedoch eine marginale Position ein, da es weder unmittelbar auf das finite Verb folgt noch dem Fokuselement (*chiuso*) vorausgeht. Da die satzmarginale Stellung, wie in 1.3.7.2 dargelegt, die Klassifizierung als AP im engen Sinn ausschließt, kommt für die obige Variante nur noch die Bestimmung als AP im weiten Sinn in Frage. Aus semantisch-pragmatischer Sicht besteht kein Zweifel am abtönenden Effekt von *comunque* in (174). So beschreibt Bazzanellas Kommentar *che pare escludere a priori una possibilità di differenza, focalizzandola* gewissermaßen die Essenz der Abtönungsfunktion: *Comunque* dient dazu, die im Kontext angelegte Gegenannahme, der Schnabel sei nicht geschlossen, vorwegzunehmen. Es modifiziert die Modalität des Sprechakts, indem es die Realis-Assertion *è chiuso il becco* in eine Präsupposition umwandelt. Hierbei scheint es in der Bedeutung von ‚*in ogni caso/ad ogni modo*' gebraucht zu werden: Die Sprecherin will sichergehen, dass der Schabel *in jedem Fall* auch auf der Abbildung des Partners geschlossen ist. So ist die in (174) aufgeführte Variante als AP im weiten Sinn zu bestimmen, da sie den distributionellen Kriterien einer AP im engen Sinn nicht genügt, jedoch aus semantisch-pragmatischer Sicht eindeutig abtönend fungiert. Zudem sei angemerkt, dass sich die AP von ihrem nicht-pragmatischen Gegenstück (eine der Adverb-Varianten unter (81)-(83)) aus prosodischer Sicht unterscheidet: Während *comunque* als Adverb stets betont wird (vgl. (81)-(83)), tritt es als satzfinale AP im weiten Sinn stets unbetont auf.

Auch in den folgenden Belegen fungiert *comunque* als AP im weiten Sinn:

(175) p1G#143: ecco <inspiration> praticamente <ehm> <inspiration> <sp> la
punta arriva nel mezzo <sp> di questa linea <sp> è sempre a distanza di un
centimetro <sp> tu arrivi
p2F#144: cioè vado sotto , **comunque** , la freccia ?

p1G#145: no , sopra
(*CLIPS*, DGmtB04E (Parma), Min. 7:08)

(176) p1#180: la macchina io la vedo sotto il monumento #<p2#181> <sp>#
<ehm> ad una distanza proprio di un centimetro dal videogioco
p2#181: #<p1#180> <mh># <lp> no , a me è di meno <lp> è molto vic+ \
è vicina
p1#182: <eh> <lp> sì molto vicina **comunque**
(*CLIPS*, DGtdA02N (Napoli), Min. 7:58) [vgl. auch DGtdB04M (Milano), Min. 10:45; DGtdB03V (Venezia), Min. 1:23; DGmtB01V (Venezia),
Min. 5:59]

Beleg (175) zeigt einen ähnlichen Fall wie in (174): *Comunque* folgt unmittelbar auf das Fokuselement (*sotto*) und nimmt eine marginale, nicht
aber die äußerste Position im Satz ein. (176) verdeutlicht hingegen, dass
die Merkmale ‚dem Fokuselement folgend‘ und ‚am äußersten Satzende
stehend‘ zusammenfallen können. Interessant ist, dass sich unter den vielen Belegen kein einziger findet, der *comunque* am äußersten Satzende
stehend und zugleich in einer gewissen Distanz zum Fokuselement zeigt.
Anders gesagt: Das satzfinal gebrauchte *comunque* folgt in allen Belegen unmittelbar auf das Fokuselement und scheint an dieses, trotz seiner
marginalen Position, in gewisser Weise syntaktisch gebunden zu sein.
Einen besonderen Gebrauch des satzfinalen *comunque* zeigt schließlich
der folgende Beleg, vgl.:

(177) p1#5: #<p2#4> c'è la# nuvola , #<p2#6> dentro# la nuvoletta quante line-
ette ci #<p2#6> sono ?#
p2#6: #<p1#5> sì# <P> #<p1#5> quattro#
"quattro" è pronunciato con un volume di voce più alto
<sp>
p1#7: perfetto <inspiration> quante nuvole ci sono **comunque** ?
(*CLIPS*, DGtdB01L (Lecce), Min. 00:11)

Auch hier folgt *comunque* auf das Fokuselement, da der gesamte Satz im
Fokus steht. Das Besondere an diesem Beleg ist, dass der Sprecher seine Äußerung durch den Gebrauch von *comunque* im Hinblick auf die thematische
Struktur des Diskurses rechtfertigt. So betrifft die Anzahl der Wolken, nach
der p1 fragt, eine aus thematischer Sicht allgemeinere Diskursebene als das
spezifische Aussehen einer der Wolken, das er zuvor erfragte. Aus logisch-
chronologischer Sicht würde man sich erwarten, dass zuerst nach der Anzahl
der Wolken und erst danach nach dem Aussehen einer der Wolken gefragt

114

wird. Diese Erwartung wird in (177) nicht erfüllt. Demnach signalisiert der Sprecher mit dem Gebrauch von *comunque*, dass er sich der logisch-chronologischen Unvermitteltheit seiner Frage bewusst ist; somit antizipiert er einen potentiellen Einwand des Hörers und tönt seine Frage ab.

3.2.3.3.1.2 Der satzinitiale Gebrauch

Es gibt eine satzeinleitende *comunque*-Variante, die aus semantisch-pragmatischer Sicht der Variante in (174)-(177) ähnelt, vgl.:

> (178) p1G#75: <eeh> <sp> tu <sp> scendi fino all'altezza della mano <lp> lasciando
> la mano fuori sullo stesso <sp> <vocal> la fai<ii> / lasci sullo
> stesso piano della freccia , **comunque** <vocal> la linea la esclude <sp>
> #<F#76> okay ?#
> (*CLIPS*, DGmtB02E (Parma), Min. 3:17)

> (179) p2F#76: sotto , aspetta , allora <inspiration> <eeh> f+ / posso fare una cosa
> <inspiration> #<G#77> <eeh> **comunque**# tu il percorso <sp> <eeh> che fai
> p1G#77: #<F#76> sì# <P> #<F#78> io direi che <P> sì#
> p2F#78: #<G#77> <eeh> <sp> gira# intorno alla freccia ?
> (*CLIPS*, DGmtB03O (Perugia), Min. 4:21)

In beiden Belegen wird *comunque*, wie in (174)-(177), im Sinne von ,*in ogni caso/ad ogni modo*' gebraucht und dient dazu, eine im Kontext angelegte Gegenannahme vorwegzunehmen. Es wandelt der Realis-Ebene angehörende Sprechakte in präsupponierende Sprechakte um. Die Variante unterscheidet sich deutlich von nicht-modalen Varianten wie etwa dem Gebrauch als kontrastivem DM, bei dem *comunque* den Widerspruch performativ herstellt und stets Skopus über zwei Diskurssegmente hat. In (178), (179) setzt *comunque* den Widerspruch voraus und hat Satzskopus. Insgesamt ist diese Variante als AP im weiten Sinn einzustufen, da *comunque*, wie in (174)-(177), satzmarginal auftritt und einen abtönenden Effekt aufweist. Im Gegensatz zur satzfinalen AP nimmt die satzinitiale AP in (178), (179) jedoch jeweils die äußerste Position im Satz ein.

Insgesamt fällt auf, dass der abtönende Effekt in (178), (179) schwächer ausfällt als in (174)-(177). Dies ist wohl auf die satzinitiale Position der hier beschriebenen AP-Variante zurückzuführen. So übernimmt das satzeinleitende im Gegensatz zum satzfinalen *comunque* zusätzliche Funktionen auf metatextueller Ebene (GS, Themenwechselsignal), die mit der Abtönungsfunktion „konkurrieren" und diese z. T. verblassen lassen. Zudem hat die satzeinleitende Variante syntaktisch einen noch schwächeren Bezug zum Prädikat, ergo zum Träger der illokutionären Kraft, da sie jeweils parenthetisch vor den Satz gefügt wird. Die Modifikation der Modalität des Sprechakts fällt somit schwächer aus als in (174)-(177), wo *comunque* unmittelbar auf das Fokuselement folgt und somit einen gewissen Bezug zum Satzmittelfeld aufweist.

3.2.3.3.2 *Abtönungspartikel im engen Sinn*

Es wurden einige Belege gefunden, die dem Gebrauch in (92), (93) ähneln, vgl.:

(180) p2F#14: #<G#13> sì# <lp> #<G#13> okay# <lp> #<G#13> <mbè?>#
p1G#15: passi da #<F#16> sotto l+ / il# televisore
p2F#16: #<G#15> <NOISE># <lp> sì
p1G#17: <inspiration> <vocal> e #<F#18> adesso l+# / la fai comunque curva
p2F#18: #<G#17> <NOISE># <lp> sì
(*CLIPS*, DGmtA02B (Bari), Min. 00:42)

(181) p2F#76: #<G#77> <inspiration># #<G#77> allora# <sp> #<G#77> in effetti# se <sp> io a questo punto devo raggiungere la sedia
p1G#77: #<F#76> <laugh># #<F#76> {<laugh> no fig <unclear>}# <sp> #<F#76> <inspiration># <lp> <eh!>
p2F#78: che immagino essere il tuo punto di arrivo <lp> <inspiration> a questo punto io devo <sp> comunque fare una linea ampia
<sp>
p1G#79: <mh>
(*CLIPS*, DGmtB01N (Napoli), Min. 4:25)

(182) p1G#25: proietta giù <sp> #<p2F26> senza fa' # la linea , #<p2F26> te devo di' solo# dov'è il #<p2F26> punto#, capito ?
p2F#26: #<p1G#25> sì# <lp> #<p1G#25> <ahah># <lp> #<p1G#25> sì# <lp> sì
p1G#27: e <sp> è comunque un po' al di sopra della #<p2F28> televisione#
p2#F28: #<p1G#27> va# bene ho capito , vai
(*CLIPS*, DGmtA01R (Roma), Min. 1:15) [vgl. auch DGmtA04B (Bari), Min. 1:42; DGmtB01N (Napoli), Min. 8:56]

Vorausgesetzt, *comunque* wird hier pragmatisch verwendet (vgl. 2.2.1, 2.2.2.3), so wäre es als AP im engen Sinn einzustufen. Der semantisch-pragmatische Effekt bestünde in der Antizipation eines potentiellen Einwands des Hörers. Das die pragmatische SD-Variante und die nicht-pragmatische Adverb-Variante verbindende Sem wäre der Widerspruch. Paraphrasierbar ist *comunque* in allen drei Fällen mit ‚*in ogni caso/ad ogni modo*'. Auch die von Waltereit (2006) aufgestellten formalen Kriterien würde *comunque*, soweit es im Italienischen möglich ist, weitgehend erfüllen: So folgt es in allen drei Fällen auf das finite Verb – in (181) steht es sogar zwischen der finiten und der infinten Form – und geht dem Fokuselement des Satzes voraus. Es würde seine Funktion somit direkt auf den Träger der illokutionären Kraft ausüben und die Modalität des Sprechakts modifizieren. In allen drei Beispielen hat es zudem Satzskopus. In (180) und (182) sind zwar Rückbezüge zu vorigen Äußerungen zu erkennen; diese sind jedoch semantisch-pragmatischer und nicht funktionaler Art. In (180) ist ein Rückbezug zur Aussage *è una linea curva* in Min. 00:26 zu erkennen, die p1 als indirekte Aufforderung an p2 richtet. p2 kommt der Anweisung zunächst nicht nach, sodass p1 diese 16 Sekunden später mit *comunque* erneut aufgreift; hierbei schwingt eine Nuance des Nachdrucks mit. Ein ähnlicher Fall liegt in (182) vor, wo die Sprecherin an das in Min. 00:27 geäußerte (und fast eine Minute zurückliegende) *un po' sopra il televisore* anknüpft. Trotz dieser anaphorischen Verweise hat *comunque* in beiden Fällen Satzskopus.

Gegen die Klassifizierung als AP im engen Sinn spricht, dass nicht ausgeschlossen werden kann, dass *comunque* in den obigen Beispielen nicht-pragmatisch gebraucht wird und zum propositionalen Gehalt der Äußerungen gehört. So kann die Koordinierbarkeit dieser Variante, wie es sich schon in 2.2.3.3 andeutete, nicht ausgeschlossen werden, vgl.:

(183) *?Adesso la fai **comunque e in ogni modo** curva*

(184) *?A questo punto io devo **comunque e in ogni modo** fare una linea ampia*

(185) *?È **comunque e in ogni caso** un po' al di sopra della televisione*

Zudem wird *comunque*, wie in 2.3.3.3 vermutet, jeweils betont, was eher untypisch für MP und AP ist. So stellt Waltereit in seiner Analyse der französischen Partikel *quand même* fest, dass diese im Laufe der Entwicklung vom nicht-pragmatischen zum pragmatischen AP-Gebrauch ihr prosodisches Verhalten verändert bzw. der neuen Abtönungsfunktion „angepasst" hat:

Nicht mehr das Wort *quand même* steht jetzt im Zentrum der Mitteilungsabsicht, sondern der ganze Sprechakt wird hervorgehoben. Es entspricht daher der Semantik des Satzes besser, wenn nicht mehr das Wort *quand même* akzentuiert wird, sondern das Prädikat des Satzes.
(vgl. Waltereit 2006: 98)

Ein solches prosodisches Abgrenzungsmerkmal ist im Fall von *comunque* nicht feststellbar. Bezieht man das prosodische Kriterium in Anlehnung an Waltereits Ausführungen dennoch mit ein (wobei natürlich stets zu bedenken ist, dass das Französische sich prosodisch vom Italienischen stark unterscheidet), so sind insgesamt (mindestens) vier Hypothesen in Bezug auf die „richtige" Klassifizierung der *comunque*-Variante in (180)-(182) denkbar: i) *Comunque* wird nicht-pragmatisch gebraucht. ii) *Comunque* befindet sich noch in der Entwicklung vom nicht-pragmatischen zum pragmatischen AP-Gebrauch und hat seine formale Anpassung an die neue Funktion noch nicht vollzogen. iii) Gemäß der Theorie des Gebrauchskontinuums (vgl. 2.2.1) steht der Gebrauch von *comunque* exakt zwischen den Polen ‚pragmatisch' und ‚nicht-pragmatisch'; *comunque* stellt in dieser Variante eine „hybride" Form dar, die sowohl Merkmale einer AP im engen Sinn als auch Merkmale eines Adverbs aufweist[82]. iiii) *Comunque* fungiert als AP im engen Sinn und trägt in dieser Gebrauchsvariante grundsätzlich einen Kontrastakzent (etwa wie das deutsche *schon* in vielen Kontexten).

Schließlich sei auf einen Beleg verwiesen, der als einziger dieser Art *comunque* in mittelfeldähnlicher Position und zugleich *unbetont* zeigt:

> (186) p2F#196: e da me no invece ve+ / c'è la macchina <sp> se io la passo
> a destra poi ho sopra una farfalla devo passarci intorno e poi arrivo al
> punto #<G#197> nero#
> p1G#197: #<F#196> passa# **comunque** dal lato più verso la tua sinistra
> della #<F#198> farfalla#
> p2F#198: #<G#197> sì# sì #<G#199> sì sì#
> (*CLIPS*, DGmtA03T (Torino), Min. 7:43)

Liegt hier diachronisch gesehen eine Weiterentwicklung des Gebrauchs in (180)-(182) vor, die in der prosodischen Anpassung an die neue Abtönungsfunktion besteht? Besteht ein Zusammenhang zwischen dem Satztyp (Imperativsatz) und dem unbetonten Auftreten in mittelfeldähnlicher Position? Handelt es sich um einen gängigen Gebrauchstyp oder um einen Okkasionalismus? Diese Fragen können im Rahmen der vorliegenden

---

82 Problematisch ist hierbei, dass das Abtönungskonzept Waltereits, auf dem die hier durchgeführte Analyse basiert, weitgehend auf dichotomische Kriterien ausgerichtet ist.

Arbeit nicht weiter diskutiert werden und wären durch vertiefende Analysen zum Thema zu klären.

3.2.3.3.3 Der Gebrauchstyp ‚o comunque‘

Ein weiterer Gebrauchstyp, der eine abtönende Funktion haben könnte, jedoch spärlich belegt ist, ist der folgende:

> (187) p2#194: #<p1#193> allora# o son le nuvole o comunque tutti questi trattini
> #<p1#195> le onde la sabbia#
> (*CLIPS*, DGtdB03C (Cagliari), Min. 10:10)

Hier folgt *comunque* auf ein *o*, das das Trägersegment mit einem vorausgehenden Diskurssegment verknüpft. *Comunque* selbst hat Satzskopus und wird erneut im Sinne von ‚*in ogni caso*‘ verwendet. Der semantisch-pragmatische Unterschied zu den bisher analysierten Varianten wird durch das vorgeschaltete *o* bedingt: Indem der Sprecher dieses gebraucht, stellt er den propositionalen Gehalt des Trägersegments als eine Alternative zum propositionalen Gehalt des Bezugssegments dar. Dies bedeutet, dass die *commitment*-Garantie, die das synonym zu ‚*in ogni caso*‘ gebrauchte *comunque* hier ausdrückt, paradoxerweise eine *hypothetische* ist. Denn es bleibt offen, ob der Sachverhalt, auf den im Trägersegment referiert wird, Gültigkeit hat. Man könnte diese semantisch-pragmatische Relation mit ‚*wenn nicht x, dann in jedem Fall y*‘ paraphrasieren; mit Bezug auf (187): *Wenn der Unterschied nicht bei den Wolken zu suchen ist, dann betrifft er in jedem Fall die Striche.*

Die zentrale Frage, die es zu klären gilt, ist jedoch: Fungiert *comunque* in (187) als AP? Um dies zu klären, ist erneut auszuschließen, dass kein nicht-pragmatischer Gebrauch vorliegt. So besteht eine gewisse Ähnlichkeit zwischen der obigen und der im vorigen Unterkapitel behandelten Variante: *Comunque* wird jeweils betont, in mittelfeldähnlicher Position und synonym zu ‚*in ogni caso*‘ gebraucht. Sollte in (187) ein pragmatischer Gebrauch vorliegen, so wäre *comunque* hier als AP im egen Sinn zu klassifizieren. Formal erfüllt es hierfür alle Kriterien (mittelfeldähnliche Position, Satzskopus). Semantisch-pragmatisch bestünde der abtönende Effekt erneut in der Vorwegnahme eines potentiellen Widerspruchs, wobei dieser unterstellte Widerspruch, wie oben erklärt, in diesem Fall ein hypothetischer wäre.

Abschließend sei angemerkt, dass die Sequenz *o comunque* zudem ein gewisses Potential zur Ausübung der metatextuellen Korrektur-Funktion hat. Diese deutet sich im folgenden Beleg an[83]:

> (188) p2#144: <eh!> c'è una pietra <sp> <inspiration> <sp> <eeh> **o comun-**
> **que**<ee> sì , penso che sia una pietra <sp> anche se non è proprio rotonda
> (*CLIPS*, DGtdB03H (Catanzaro), Min. 5:54)

Hier setzt p2 mit *o comunque* zur Korrektur des Terminus *pietra* an. Es handelt sich primär nicht um ein kognitives Abwägen zwischen zwei alternativen Sachverhalten wie in (187), sondern um eine metatextuelle Gebrauchsweise. Hierbei scheint erneut das vorgeschaltete *o* als Variable eine wichtige Rolle zu spielen: Inwieweit *o comunque* funktional in die Nähe einer Korrektur rückt, scheint davon abzuhängen, in welchem Maß die nicht-pragmatische Funktion als disjunktive Konjunktion des Wortes *o* zugunsten von pragmatischen Funktionen zurücktritt. Die Bedeutung des nicht-pragmatischen Gebrauchs von *o* besteht im Aufzeigen zweier Alternativen (vgl. (187)). Im pragmatischen Gebrauch hingegen scheint das Bedeutungsmerkmal ‚Alternative' der Funktion ‚Ersatz (des zuvor Gesagten)' zu weichen (vgl. (188)). Je mehr also *o* pragmatisch verwendet wird, desto mehr rückt die metatextuelle Korrektur-Funktion in den Vordergrund. Dies hat zugleich erhebliche Auswirkungen auf den – vermeintlichen – Abtönungseffekt von *comunque*, der beim metatextuellen Gebrauch fast vollständig ausbleibt. Dies deutet der obige Beleg an, in dem *comunque* somit in jedem Fall nicht als AP im engen Sinn einzustufen ist.

---

83 Der Beleg zeigt einen „unvollständigen" Gebrauch der Korrektur-Funktion von *o comunque*, da die Sprecherin die geplante Formulierung nach *comunque* mit *sì* abbricht. Weitere Belege für die Korrektur-Funktion konnten nicht gefunden werden.

4 Fazit und tabellarische Übersicht der belegten Mikrofunktionen

Die Funktionsanalyse hat gezeigt, dass die SD *praticamente* und *comunque* eine Vielzahl pragmatischer Funktionen auf allen drei Ebenen (metatextuell, interaktional, kognitiv) des Diskurses übernehmen können. Neben dieser paradigmatischen weisen sie zudem eine ausgeprägte syntagmatische Polyfunktionalität (vgl. 1.2.1) auf. Für beide SD konnten die meisten der in 2.1.2 und 2.2.2 angenommenen Funktionen belegt werden. Zudem wurden einige zuvor nicht vermutete Verwendungsweisen nachgewiesen.

Praticamente kann auf metatextueller Ebene zunächst als gliederndes Anfangssignal in dialogischen Diskursen fungieren (vgl. (98), (99)). Auch innerhalb eines Redebeitrags kann es gliedernde Funktion übernehmen (vgl. (100), (101)). Häufig belegt ist die Kombination mit anderen GS, vor allem mit vorausgehendem *allora* (vgl. (99)). *In pratica* wird ebenfalls als GS zu Beginn oder innerhalb eines Redebeitrags gebraucht und häufig mit anderen GS kombiniert (vgl. (102), (103)). Die GS fungieren oft zugleich als *turn taking-* oder als Überbrückungssignale. Nicht selten sind sie von kürzeren Pausen begleitet, die den planenden Charakter ihres Gebrauchs unterstreichen.

Als *indicatore di riformulazione* kann *praticamente* gleich zwei Mikrofunktionen erfüllen. So wurde außer der *parafrasi*-Funktion (vgl. (104), (105)) auch der Gebrauch als *indicatore di ripartenza* (vgl. (106)-(108)) nachgewiesen. Als *indicatore di parafrasi* verknüpft *praticamente* ein umschreibendes mit einem umschriebenen Diskurssegment (vgl. (104), (105)). Hierbei geht die Paraphrase dem paraphrasierten Element in beiden gefundenen Belegen voraus. Die Mikrofunktion ‚*indicatore di ripartenza*' wird in Bazzanellas Modell nicht vorgesehen, musste jedoch im Laufe der Analyse hinzugefügt werden, da die Gebrauchsweise in (106)-(108) (Abbruch und Neuanfang der Formulierung ohne korrigierenden Rückbezug) mit keiner anderen Mikrofunktion beschrieben werden kann. Auch *in pratica* kann als *indicatore di ripartenza* fungieren (vgl. (109)), während für den Gebrauch als *indicatore di parafrasi* kein Beleg vorliegt.

Praticamente und *in pratica* können weiterhin als *focalizzatori* gebraucht werden (vgl. (110)-(112), (114)). In den gefundenen Belegen treten sie stets zu Beginn einer Äußerung auf, die in (110), (112) zugleich den Beginn eines neuen Diskursabschnitts darstellt. Die fokussierende Funktion besteht jeweils darin, dem Hörer/der Hörerin zu signalisieren, dass die nachfolgenden Ausführungen besonders relevant sind, da sie wichtige Informationen über den weiteren Verlauf des Wegs enthalten. So steigern die *focalizzatori* zugleich die Aufmerksamkeit und die Erwartungshaltung des Hörers. Typisch ist generell die Kombination mit anderen *focalizzatori* wie *tu* oder *adesso*. Die *focalizzatore*-Funktion geht jeweils mit anderen Funktionen auf metatextueller Ebene einher (Anfangssignal, GS innerhalb eines Redebeitrags). Schließlich wurde in 3.1.3.5 noch eine weitere *focalizzatore*-Variante für *praticamente* nachgewiesen (vgl. (151), (152)), die prosodisch bedingt ist. In dieser Variante fokussiert *praticamente* jeweils die Trägeräußerung mittels Kontrastakzent.

Zudem ist für beide SD-Varianten der Gebrauch als *segnale di chiusura* belegt (vgl. (115)-(117)). In dieser Funktion markieren *praticamente* und *in pratica* das Ende eines Diskursabschnitts. Hierbei werden sie oft mit GS wie *e* und *quindi* kombiniert. Für *praticamente* liegt zudem ein Beleg vor, in dem es eine genuin resümierende Funktion hat (vgl. (116)). Aufgrund der „topic relating"-Funktion (Fraser 1999: 949), die *praticamente* und *in pratica* als *segnali di chiusura* erfüllen, können sie zudem als Diskursmarker mit prozeduraler Bedeutung auf metatextueller Ebene klassifiziert werden.

Schließlich können beide SD-Varianten als ÜS fungieren, ergo der Überbrückung von Planungs- und Formulierungsschwierigkeiten dienen (vgl. (118)-(119), (121)). Charakteristisch für diese Gebrauchsweise ist die lautliche Dehnung des Schlussvokals des jeweiligen ÜS und/oder die Kopräsenz leerer oder gefüllter Pausen. Die Überbrückung des *turns* kann mitunter zugleich der Wahrung des Rederechts dienen; so ist *praticamente* in (119), (120) zugleich als *turn maintaining*-Signal einzustufen.

Auf interaktionaler Ebene können *praticamente* und *in pratica* als *turn taking*-Signale fungieren. Für *praticamente* liegen einschlägige Belege für den Gebrauch als *segnale di presa di turno* und als *meccanismo di interruzione* vor (vgl. (122), (123)). (124) deutet an, dass auch mit *in pratica* beide Formen der *turn*-Übernahme möglich sind. Die *turn taking*-Funktion wird generell durch die diskursive Relevanz des satzeinleitenden UGS-Gebrauchs von *praticamente* und *in pratica* begünstigt.

Auf kognitiver Ebene ist für beide Formen der Gebrauch als UGS belegt, der zugleich den häufigsten und dominantesten Gebrauchstyp darstellt. Als UGS m. e. S. schwächt *praticamente* das unmittelbar nachfolgende Element bzw. den unmittelbar folgenden Teil einer Proposition ab (vgl. (125)-(128)) (selten auch das unmittelbar vorausgehende Element, vgl. (135)). Der Gebrauch ist für mehrere Satztypen (Aussage-, Imperativ-, Fragesatz) belegt. Der enge Skopus dieser UGS-Variante schließt grundsätzlich nicht das Hinzutreten anderer Funktionen, wie der Überbrückungsfunktion, aus (vgl. (129)). Für den holophrastischen UGS-Gebrauch gemäß (74) (*Hai finito i soldi? - Praticamente.*) konnte hingegen kein Nachweis erbracht werden. Auch *in pratica* kann als UGS m. e. S. fungieren (vgl. (136)). Als UGS m. w. S. schwächt *praticamente* stets die gesamte Proposition ab (vgl. (137)-(139)). Es zeichnet sich durch eine große distributionelle Variabilität aus (Anfangs-, Mittel und Endposition), die auch in Fragesätzen beibehalten wird (vgl. (140)-(142)). Der satzeinleitende UGS-Gebrauch geht oft mit den Funktionen ‚*turn taking*' und ‚Anfangssignal' einher; beim satzintegrierten UGS-Gebrauch kommt *praticamente* mitunter zugleich eine überbrückende Funktion zu. Auch für *in pratica* konnte der Gebrauch als UGS m. w. S. nachgewiesen werden (vgl. (147)-(149)); es weist die gleiche distributionelle Variabilität wie *praticamente* auf. Allgemein geht der UGS-Gebrauch oft mit einer Relativierung des *commitments* einer, d. h. der Sprecher gebraucht *praticamente* oder *in pratica*, um zu signalisieren, dass er für den Wahrheitsgehalt seiner Äußerung nicht garantieren kann oder will. Schließlich wurde für *praticamente* in beiden UGS-Varianten die Kombination mit scheinbar redundanten Elementen wie *quasi* (vgl. (132)-(134); (145), (146)) sowie mit kontrastierenden Elementen wie *proprio* (vgl. (130), (131); (143), (144)) nachgewiesen. Die Analyse dieser Fälle hat gezeigt, dass sich *praticamente* von den (vermeintlich) redundanten Elementen letztlich aus funktionaler und semantisch-pragmatischer Sicht in mehreren Punkten unterscheidet. In Kombination mit dem verstärkend-präzisierenden *proprio* kommt *praticamente* meist ein kompensierender Effekt zu, der sowohl die Abschwächung des propositionalen Gehalts als auch die Relativierung des *commitments* der Aussage betrifft.

Der *intercalare*-Gebrauch von *praticamente* kommt exemplarisch in der Aufnahme DGmtB01B (Bari), Min. 00:01-3:23 zum Ausdruck. Hier weist

123

praticamente ein hohes Maß an pragmatischer Abnutzung auf. Anzeichen hierfür sind die extrem hohe Gebrauchsfrequenz, die häufige Hypoartikulation sowie der redundante Gebrauch sich funktional überlagernder Formen. Zudem wurden gänzlich entfunktionalisierte Varianten gefunden, die keinem bestimmten Funktionstyp mehr zuordenbar sind. Wertet man den wiederholten Gebrauch innerhalb eines längeren Redebeitrags gemäß Koch/Oesterreicher (2011) als Merkmal der *turn maintaining*-Funktion, so lassen sich viele Varianten in der genannten Aufnahme ebenso als *turn maintaining*-Signale bestimmen. Für *in pratica* ist der Gebrauch als *intercalare* und als wiederholt auftretendes *turn maintaining*-Signal ebenfalls belegt (vgl. (150)).

Abtönend fungieren *praticamente* und *in pratica* hingegen weder im engen noch im weiten Sinn. Der abtönende Effekt in Belegen wie (151) ist ausschließlich prosodisch bedingt, und zwar durch einen Kontrastakzent auf *-ménte*, der sich auf eine kontextuell angelegte Gegenannahme bezieht. *Praticamente* zeichnet sich in dieser Gebrauchsweise jedoch durch eine bestimmte semantisch-pragmatische Nuance aus, die man als ‚Präzisierung/inhaltliche Klarstellung‘ bezeichnen kann. Durch letztere signalisiert der Sprecher, dass er sich in korrigierend-präzisierender Weise auf eine im Kontext der Trägeräußerung angelegte Proposition bezieht (vgl. (151)). Da eine solche Präzisierung/Klarstellung zugleich eine Steigerung des *commitments* bedeutet (vgl. 3.1.3.2), ist die genannte Nuance als das semantisch-pragmatische Gegenteil der UGS-Funktion anzusehen. Zwei grundlegende Charakteristika zeichnen diese semantisch-pragmatische Nuance aus: Die Präsenz des Kontrastakzents auf *-ménte* sowie ein im Kontext der Trägeräußerung angelegter Kontrast. Für *in pratica* liegt hingegen kein einschlägiger Beleg vor, der das Andeuten einer Präzisierung oder einer inhaltlichen Klarstellung gemäß der hier gegebenen Definition zeigt.

Insgesamt ist festzuhalten, dass für *in pratica* fast alle Funktionen nachgewiesen werden konnten, die auch *praticamente* ausüben kann. Dort, wo kein Nachweis erbracht werden konnte, kam *in pratica* stets als äquivalente Alternative zu *praticamente* in Frage. Somit hat die Analyse die funktionale und die semantisch-pragmatische Gleichwertigkeit der beiden Varianten weitestgehend bestätigt.

Comunque wird auf metatextueller Ebene sehr häufig als Themenwechselsignal gebraucht, um diskursiv den Übergang zu einem neuen Diskursthema zu rechtfertigen (vgl. (153), (154)). In dieser Funktion scheint es syntaktisch auf die Anfangsposition des Satzes beschränkt zu sein. Die Themenwechselfunktion geht oft mit anderen Funktionen verschiedener Art einher (GS, *turn taking*-Signal, kontrastiver DM). Als Subvariante der Themenwechselfunktion wurde die Framer-Funktion bestimmt. Als Framer gebraucht, knüpft *comunque* an Referenten oder Propositionen an, die zu einem früheren Zeitpunkt des Diskurses schon einmal Topic-Status hatten. Hierbei wurden zahlreiche Belege gefunden, in denen die SprecherInnen mit *comunque* die Rückleitung von einer *digressione* zur thematischen Hauptebene des Diskurses vollziehen (vgl. (155), (156)). Die Häufigkeit dieser Verwendungsweise wurde als Charakteristikum des hier analysierten Diskurstyps *map task* bestimmt (vgl. 3.2.1.1).

Weiterhin kann *comunque* als *segnale di fine digressione* fungieren, ergo das Ende eines thematischen Exkurses markieren. Hierbei kann es anderen *segnali di fine digressione* wie *vabbè* vorausgehen (vgl. (158)) oder alleine stehen (vgl. (159), (160)). Steht es allein, so bringt es die *fine digressione* auf akustisch-prosodischer Ebene zum Ausdruck, indem es einer leeren Pause vorausgeht und mit fallender Intonation artikuliert wird; zudem markiert es in (159), (160) jeweils das Ende eines Redebeitrags. Vermutlich kann mit dem Gebrauchstyp (159), (160) generell auch das Ende ganzer Diskursabschnitte markiert werden, die keine *digressione* darstellen. Auch als *segnale di inizio digressione* kann *comunque* fungieren und so den Beginn einer thematischen Abschweifung markieren; für diese Funktion liegt jedoch nur ein Beleg vor (vgl. (161)).

Der diskursstrukturierende Gebrauch als Anfangssignal in dialogischen Diskursen (vgl. (162)) sowie als GS innerhalb eines Redebeitrags (vgl. (164)) konnten ebenfalls nachgewiesen werden. Weiterhin eignet sich *comunque* für den Gebrauch als *segnale di chiusura* (vgl. (165), (166)). Im Gegensatz zu *praticamente* übt es diese Funktion in den gefundenen Belegen nicht in Kombination mit anderen GS aus, was wohl auf die dominante Themenwechselfunktion zurückzuführen ist (vgl. 3.2.1.4). Außerdem ist der Gebrauch als Überbrückungssignal belegt (vgl. (164), (167)); er zeichnet sich in den gefundenen Belegen jeweils durch die lautliche Dehnung des Schlussvokals *e* aus. Schließlich konnte *comunque* als DM mit prozeduraler Bedeutung auf metatextueller Ebene klassifiziert werden, da es etwa in der Rolle als Themenwechselsignal textverknüpfend fungiert und somit den

Kriterien Frasers (1999) genügt. Kein Nachweis konnte hingegen für den von Sabatini/Coletti (2007) als *valore di aggiunta* beschriebenen Gebrauchstyp ,*e comunque*' erbracht werden (vgl. (95)). Dies verwundert etwas, da es sich hierbei erfahrungsgemäß um eine in der italienischen Nähesprache gängige Gebrauchsvariante handelt.

Auf interaktionaler Ebene kann *comunque* als *segnale di presa di turno* (vgl. (168), (169)) und als *meccanismo di interruzione* (vgl. (170)) fungieren, ergo eine *turn*-Übernahme mit oder ohne Unterbrechung des Partner-*turns* vollziehen. Der iterierende Gebrauch innerhalb eines Redebeitrags als *turn-maintaning*-Signal konnte hingegen, anders als in 2.2.2.1 vermutet, nicht nachgewiesen werden. Die *turn maintaining*-Funktion scheint jedoch beim Gebrauch als ÜS in (164), (167) hinzuzutreten.

Auf kognitiver Ebene konnte der Gebrauch als kontrastiver DM mit prozeduraler Bedeutung gemäß Fraser (1999) bestätigt werden (vgl. (171)-(173)). In dieser Funktion drückt *comunque* einen semantisch-pragmatischen Kontrast zwischen zwei Diskurssegmenten aus. Der Gebrauchstyp zeichnet sich durch eine große distributionelle Variabilität (vgl. (172), (173)) sowie durch eine Affinität zur Themenwechselfunktion aus. Kein eindeutiger Nachweis konnte hingegen für den *intercalare*-Gebrauch von *comunque* erbracht werden; allein einige hypoartikulierte Varianten deuten auf ein gewisses Maß pragmatischer Abnutzung hin (vgl. 3.2.3.2). Dies überrascht ein wenig, da für *comunque* ein ähnlich hohes Potenzial zur pragmatischen Abnutzung wie für *praticamente* angenommen wurde. Allerdings liegen auch insgesamt mehr Belege für *praticamente* als für *comunque* vor. Dies könnte z. T. auf den hier analysierten Diskurstyp *map task* zurückzuführen sein, bei dem die semantische Ebene der Präzision, die den *praticamente*-Gebrauch maßgeblich bedingt, eine wichtige Rolle spielt.

Als AP kann *comunque*, gemäß dem in 1.3.7.2 erarbeiteten und auf Waltereit (2006) basierenden Abtönungskonzept, in mehreren Gebrauchsvarianten fungieren. So wurden zunächst zwei Varianten nachgewiesen, in denen *comunque* in satzmarginaler Stellung auftritt und somit als AP im weiten Sinn zu klassifizieren ist. In beiden Varianten wird *comunque* im Sinne von ,*in ogni caso/ad ogni modo*' gebraucht und dient dazu, einen Widerspruch des Hörers zu antizipieren. In der ersten Variante (vgl. (174)-(177)) tritt *comunque* stets satzfinal, aber nicht am äußersten Ende des Satzes auf. Interessanterweise folgt es in allen Belegen unmittelbar auf das

Fokuselement und zeigt somit trotz marginaler Position einen gewissen Bezug zum Mittelfeld des Satzes. Zudem tritt es in dieser Variante stets unbetont auf, wodurch es sich von seinem nicht-pragmatischen Gebrauch als Adverb unterscheidet. In der zweiten Variante (vgl. (178), (179)) wird *comunque* satzeinleitend gebraucht. Hier fällt der abtönende Effekt schwächer aus als in (174)-(177), was in erster Linie der Stellung am äußersten Satzanfang geschuldet ist. Diese bedingt das Hinzutreten „konkurrierender" metatextueller Funktionen und vor allem einen nur sehr schwachen Bezug zum Prädikat des Satzes (dem Träger der illokutionären Kraft); hierdurch kommt die Modifikation der Modalität des Sprechakts nicht so deutlich zur Geltung wie in (174)-(177). Dennoch ist diese Variante in jedem Fall als AP einzustufen, da sie Satzskopus hat und auf Präsuppositionen verweist (hierin unterscheidet sie sich etwa vom kontrastivem DM, der den Widerspruch nicht präsupponiert, sondern performativ herstellt und stets satzübergreifenden Skopus hat).

Schließlich wurde diskutiert, ob *comunque* auch als AP im engen Sinn funigeren kann. Die Klassifizierung als AP im engen Sinn hängt davon ab, ob man Gebrauchsweisen wie (180)-(182) als pragmatisch oder als nicht-pragmatisch einstuft. Da der Gebrauchsstatus dieser Variante nicht eindeutig bestimmt werden konnte (vgl. 2.2.1, 2.2.2.3), lässt sich keine endgültige Klassifizierung vornehmen. Wertet man *comunque* in (180)-(182) als pragmatische Variante, so wäre es zugleich als AP im engen Sinn zu bestimmen, da der abtönende Effekt (Vorwegnahme erwarteter Widersprüche) eindeutig bestimmbar wäre und *comunque* zudem die von Waltereit aufgestellten formalen Kriterien (Satzskopus, mittelfeldähnliche Stellung) erfüllen würde. Gegen die Klassifizierung als AP im engen Sinn spricht, dass die Koordinierbarkeit dieser Variante mit anderen Elementen nicht auszuschließen ist (vgl. (183)-(185)) und dass *comunque* in (180)-(182) stets betont auftritt, was eher untypisch für AP und MP ist. Grundsätzlich könnte man dieser auf dichotomischen Kriterien basierenden Diskussion um die „richtige" Klassifizierung auch die Theorie des Bedeutungs- bzw. Gebrauchskontinuums (vgl. 1.2.1, 2.2.1) vorziehen. Dieser Theorie zufolge stünde die Gebrauchsvariante in (180)-(182) schlicht zwischen den Polen ‚pragmatisch' und ‚nicht-pragmatisch'. Das Abtönungskonzept Waltereits, auf dem die durchgeführte Analyse basiert, ist jedoch insgesamt eher auf dichotomische Kriterien ausgerichtet.

Von der Frage des pragmatischen oder nicht-pragmatischen Status des Gebrauchs hängt auch die Klassifizierung der *comunque*-Variante in der Sequenz *o comunque* (vgl. (187)) ab. Auch hier ist nicht klar, ob es sich um eine Adverb-Variante oder um eine AP im engen Sinn handelt. Semantisch-pragmatisch, funktional und formal entspricht diese Variante weitestgehend dem Gebrauch in (180)-(182). Sie unterscheidet sich von letzterem jedoch darin, dass das vorausgehende *o* den propositionalen Gehalt der Träger-äußerung als einen hypothetischen darstellt. Somit ist gewissermaßen auch der (vermeintliche) Abtönungseffekt von *comunque* ein hypothetischer. Diese semantisch-pragmatische Relation lässt sich wie folgt paraphrasieren: *‚wenn nicht x, dann in jedem Fall y‘*. Darüber hinaus wurde festgestellt, dass das vorgestellte *o* der Sequenz *o comunque* ein gewisses Potential zur Ausübung der metatextuellen Korrektur-Funktion verleiht: Je mehr das *o* pragmatisch gebraucht wird, desto mehr geht die nicht-pragmatische Bedeutung ‚Aufzeigen einer Alternative‘ in die pragmatische Funktion ‚Ersatz des zuvor Gesagten‘ über, wie (188) andeutet. Wird die Sequenz *o comunque* als Korrektursignal gebraucht, so ist *comunque* in jedem Fall nicht als AP einzustufen.

Es folgt abschließend eine tabellarische Übersicht der belegten Mikrofunktionen:

	Praticamente	*Comunque*
Metatextuelle Ebene	Anfangssignal	Anfangssignal
	Gliederungssignal innerhalb eines Redebeitrags	Gliederungssignal innerhalb eines Redebeitrags
	indicatore di parafrasi	Themenwechselsignal
	indicatore di ripartenza	*segnale di inizio/fine digressione*
	focalizzatore	*segnale di chiusura*
	segnale di chiusura	Überbrückungssignal
	Überbrückungssignal	Diskursmarker mit prozeduraler Bedeutung
	Diskursmarker mit prozeduraler Bedeutung	
Interaktionale Ebene	*turn taking*-Signal/*segnale di presa di turno*	*turn taking*-Signal/*segnale di presa di turno*
	meccanismo di interruzione	*meccanismo di interruzione*
	turn maintaining-Signal	*turn maintaining*-Signal
Kognitive Ebene	Ungenauigkeitssignal mit engem Skopus	Diskursmarker mit prozeduraler Bedeutung (kontrastiv)
	Ungenauigkeitssignal mit weitem Skopus	AP im weiten Sinn (satzmarginal)
	intercalare	?AP im engen Sinn
	semantisch-pragmatische Nuance ‚Präzisierung/ inhaltliche Klarstellung'	

Belegte Mikrofunktionen der SD *praticamente* und *comunque*

5 Bibliographie

5.1 Korpora

BADIP = BAnca Dati dell'Italiano Parlato (2003-2010): badip.uni-graz. at; 15/10/2015. Graz: Karl-Franzens-Universität.

CLIPS = Corpora e Lessici di Italiano Parlato e Scritto (1999-2004): www. clips.unina.it; 15/10/2015. Napoli: Università degli Studi Federico II.

"La Repubblica" Corpus (1985-2000): sslmit.unibo.it/repubblica; 15/10/2015. Bologna: Alma Mater Studiorum - Università degli Studi.

5.2 Wörterbücher

BATTAGLIA, Salvatore (1961-2002): *Grande dizionario della lingua italiana.* Direttore scientifico: Giorgio Bárberi Squarotti, 21 voll. Torino: UTET.

DARDANO, Maurizio (1982): *Nuovissimo dizionario della lingua italiana,* 2 voll. Roma: Curcio.

De Agostini = MEINI, Giuseppe (a cura di) (1990): *Grande dizionario della lingua italiana.* Novara: Ist. Geografico De Agostini.

DE MAURO, Tullio (2000): *Il dizionario della lingua italiana.* Torino: Paravia.

(Il) Devoto-Oli = SERIANNI, Luca/TRIFONE, Maurizio (a cura di) (2008): *Il Devoto-Oli. Vocabolario della lingua italiana 2009.* Firenze: Le Monnier.

GABRIELLI, Aldo (1989): *Grande dizionario illustrato della lingua italiana,* 2 voll. Milano: Mondadori.

Garzanti = Il Grande Dizionario della Lingua Italiana 2.0 (2010). Direttore scientifico: Giuseppe Patota. Milano: Garzanti Linguistica.

GIACOMA, Luisa/KOLB, Susanne (a cura di) (^{3}2014): *Il nuovo dizionario di tedesco. Dizionario tedesco-italiano, italiano-tedesco. Großwörterbuch Deutsch-Italienisch, Italienisch-Deutsch.* Bologna/Stuttgart: Zanichelli/ PONS (Klett).

GRADIT = DE MAURO, Tullio (a cura di) (2000): *Grande dizionario italiano dell'uso,* 6 voll. Torino: UTET.

PALAZZI, Fernando/FOLENA, Gianfranco (1992): *Dizionario della lingua italiana.* Torino: Loescher.

SABATINI, Francesco/COLETTI, Vittorio (2007): *Il Sabatini Coletti. Dizionario della Lingua Italiana 2008*. Milano: Sansoni.

Treccani. Dizionario della lingua italiana (2013). Firenze/Roma: Giunti T.V.P./Istituto della Enciclopedia Italiana.

(Lo) Zingarelli. Vocabolario della lingua italiana di Nicola Zingarelli (2013). Bologna: Zanichelli.

5.3 Linguistische Literatur

ASCHENBERG, Heidi/LOUREDA LAMAS, Óscar. (eds.) (2011): *Marcadores del discurso: de la descripción a la definición*. Madrid/Frankfurt am Main: Iberoamericana/Vervuert.

BARDEN, Birgit/ELSTERMANN, Mechthild/FIEHLER, Reinhard (2001): „Operator-Skopus-Strukturen in gesprochener Sprache". In: LIEDTKE, Frank/ HUNDSNURSCHER, Franz (Hgg.): *Pragmatische Syntax*. Tübingen: Niemeyer, 197-232.

BAZZANELLA, Carla (1985): "L'uso dei connettivi nel parlato: alcune proposte". In: FRANCHI DE BELLIS, Annalisa/SAVOIA, Leonardo Maria (a cura di): *Sintassi e morfologia della lingua italiana d'uso. Teorie e applicazioni descrittive*. Roma: Bulzoni, 83-94.

BAZZANELLA, Carla (1994a): "Gli indicatori fàtici nella interazione scolastica". In: ORLETTI (a cura di), 233-243.

BAZZANELLA, Carla (1994b): *Le facce del parlare. Un approccio pragmatico all'italiano parlato*. Firenze/Roma: La Nuova Italia.

BAZZANELLA, Carla (1995): "I segnali discorsivi". In: RENZI/SALVI/CARDINALETTI (a cura di). Vol. 3: *Tipi di frase, deissi, formazione delle parole*, 225-257.

BAZZANELLA, Carla (2001a): "Segnali discorsivi e contesto". In: HEINRICH, Wilma/HEISS, Christine (a cura di): *Modalità e substandard*. Bologna: Clueb, 41-64.

BAZZANELLA, Carla (2001b): "Segnali discorsivi nel parlato e nello scritto". In: DARDANO, Maurizio/PELO, Adriana/STEFINLONGO, Antonella (a cura di): *Scritto e parlato. Metodi, testi e contesti*. Roma: Aracne, 79-97.

BAZZANELLA, Carla (2005): "Segnali discorsivi e sviluppi conversazionali". In: ALBANO LEONI, Federico/GIORDANO, Rosa (a cura di): *Italiano parlato. Analisi di un dialogo*. Napoli: Liguori, 137-158.

BAZZANELLA, Carla (²2008): *Linguistica e pragmatica del linguaggio. Un'introduzione*. Roma/Bari: Laterza.

BERRETTA, Monica (1984): "Connettivi testuali in italiano e pianificazione del discorso". In: CÒVERI, Lorenzo (a cura di): *Linguistica testuale*. Roma: Bulzoni, 237-254.

BLAKEMORE, Diane (2002): *Relevance and Linguistic Meaning. The Semantics and Pragmatics of Discourse Markers*. Cambridge etc.: Cambridge University Press.

BURKHARDT, Armin (1982): „Gesprächswörter. Ihre lexikologische Bestimmung und lexikographische Beschreibung". In: MENTRUP, Wolfgang (Hg.): *Konzepte zur Lexikographie. Studien zur Bedeutungserklärung in einsprachigen Wörterbüchern*. Tübingen: Niemeyer, 138-171.

BURKHARDT, Armin (1985): „Der Gebrauch der Partikeln im gesprochenen Deutsch und im gesprochenen Italienisch". In: HOLTUS, Günter/RADTKE, Edgar (Hgg.): *Gesprochenes Italienisch in Geschichte und Gegenwart*. Tübingen: Narr, 236-275.

CONIGLIO, Marco (2008): "Modal particles in Italian". In: *University of Venice Working Papers in Linguistics* 18, 91-129.

CONTENTO, Silvana (1994): "I marcatori discorsivi del colloquio psicologico". In: ORLETTI (a cura di), 217-232.

DRESCHER, Martina/FRANK-JOB, Barbara (éds.) (2006): *Les marqueurs discursifs dans le langues romanes. Approches théorethiques et méthodologiques*. Frankfurt am Main etc.: Lang.

DUDENREDAKTION (Hg.) (⁸2009): *Duden*. Bd. 4: *Die Grammatik. Unentbehrlich für richtiges Deutsch*. Mannheim/Wien/Zürich: Dudenverlag.

FISCHER, Kerstin (2000): *From Cognitive Semantics to Lexical Pragmatics. The Functional Polysemy of Discourse Particles*. Berlin/New York: de Gruyter.

FISCHER, Kerstin (Hg.) (2006): *Approaches to Discourse Particles*. Amsterdam/Boston/London: Elsevier.

FRASER, Bruce (1999): "What are discourse markers?" In: *Journal of Pragmatics* 31, 931-952.

HENNE, Helmut/REHBOCK, Helmut (⁴2001): *Einführung in die Gesprächsanalyse*. Berlin/New York: de Gruyter.

IMO, Wolfgang (2012): „Wortart Diskursmarker?" In: ROTHSTEIN, Björn (Hg.): *Nicht-flektierende Wortarten*. Berlin: de Gruyter, 48-88.

KENDA, Jana (2008): "Ruoli pragmatici di «*sì*»: Modello di analisi dei segnali discorsivi nell'italiano parlato". In: *Linguistica* 48, 137-149.

KHACHATURYAN, Elizaveta (2002): "Analisi contestuale dei segnali discorsivi. Indagine su *diciamo*". In: *Studi italiani di linguistica teorica e applicata* 31, 245-258.

KOCH, Peter/OESTERREICHER, Wulf (^{2}2011). *Gesprochene Sprache in der Romania. Französisch, Italienisch, Spanisch*. Berlin/New York: de Gruyter.

LICHEM, Klaus (1981): „Bemerkungen zu den Gliederungssignalen im gesprochenen Italienisch". In: SCHWARZE, Christoph (Hg.): *Italienische Sprachwissenschaft*. Tübingen: Narr, 61-82.

MARTÍN ZORRAQUINO, María Antonia/PORTOLÉS LÁZARO, José (1999): "Los marcadores del discurso". In: BOSQUE, Ignacio/DEMONTE, Violeta (eds.): *Gramática descriptiva de la lengua española*. Madrid: Espasa, 4051-4213.

MAZZOLENI, Marco (1991): "Le frasi concessive". In: RENZI/SALVI/CARDINALETTI (a cura di). Vol. 2: *I sintagmi verbale, aggettivale, avverbiale. La subordinazione*, 784-817.

MEIBAUER, Jörg (^{2}2008): *Pragmatik. Eine Einführung*. Tübingen: Stauffenburg.

MOSEGAARD HANSEN, Maj-Britt (1998): *The Function of Discourse Particles. A study with special reference to spoken standard French*. Amsterdam/Philadelphia: Benjamins.

ORLETTI, Franca (a cura di) (1994): *Fra conversazione e discorso. L'analisi dell'interazione verbale*. Roma: La Nuova Italia Scientifica.

ORLETTI, Franca (1994): "Introduzione". In: ORLETTI (a cura di), 13-25.

RENZI, Lorenzo/SALVI, Giampaolo/CARDINALETTI, Anna (a cura di) (1988-1995): *Grande grammatica italiana di consultazione*. 3 voll. Bologna: Il Mulino.

SCHIFFRIN, Deborah (1987): *Discourse markers*. Cambridge/New York/Melbourne: Cambridge University Press.

SCHWITALLA, Johannes (^{4}2012): *Gesprochenes Deutsch. Eine Einführung*. Berlin: Schmidt.

SPITZER, Leo (1922): *Italienische Umgangssprache*. Bonn/Leipzig: Schroeder.

STAME, Stefania (1994): "Su alcuni usi di *no* come marcatore pragmatico". In: ORLETTI (a cura di), 205-216.

STAMMERJOHANN, Harro (1977): "Elementi di articolazione dell'italiano parlato". In: *Studi di Grammatica Italiana* 6, 109-120.

WALTEREIT, Richard (2006): *Abtönung. Zur Pragmatik und historischen Semantik von Modalpartikeln und ihren funktionalen Äquivalenten in romanischen Sprachen*. Berlin: de Gruyter.

WEYDT, Harald (1969): *Abtönungspartikel. Die deutschen Modalwörter und ihre französischen Entsprechungen*. Bad Homburg/Berlin/Zürich: Gehlen.

6 Anhang: SD-Klassifikation nach Bazzanella (2008)

Übersicht 1, *Funzioni interazionali dei segnali discorsivi*

Dalla parte del parlante	Dalla parte dell'interlocutore
1. presa di turno	1. meccanismi di interruzione
2. 'riempitivi'	2. *back-channels*
3. richiesta di attenzione	3. conferma dell'attenzione
4. fatismi	4. fatismi
5. meccanismi di 'cortesia'	5. –
6. controllo della ricezione	6. acquisizione di conoscenza; richiesta di spiegazione
7. assunzione/richiesta di accordo e/o conferma	7. accordo/conferma/rinforzo
8. cessione del turno	8. –

Übersicht 2, *Funzioni metatestuali dei segnali discorsivi*

1. Demarcativi
   1.1 articolazione in parti
       1.1.1 introduzione/presentazione
       1.1.2 passaggio/transizione
       1.1.3 elenco
       1.1.4 digressione
             1.1.4.1 inizio digressione
             1.1.4.2 fine digressione
       1.1.5 chiusura
   1.2 indicatori di citazione e di discorso riportato
   1.3 indicatori di rinvio

2. Focalizzatori
   2.1 a livello locale
   2.2 a livello globale

3. Indicatori di riformulazione
   3.1 Indicatori di parafrasi
   3.2 Indicatori di correzione
   3.3 Indicatori di esemplificazione

Übersicht 3, *Funzioni cognitive dei segnali discorsivi*

1. Indicatori procedurali (relativi ai processi cognitivi, ad es. alle inferenze)
2. Indicatori epistemici (relativi alla soggettività del parlante e al *commitment*)
3. Meccanismi di modulazione (relativi al contenuto proposizionale e alla forza illocutoria)

(Bazzanella 2008: 224f.)

7 Glossar

accordo/conferma/rinforzo	–	Konsens/Bestätigung/Verstärkung
acquisizione di conoscenza	–	(Bestätigung von) Rezeption und Verständnis des Geäußerten
articolazione in parti	–	Gliederung in Abschnitte
assunzione di accordo e/o conferma	–	Annahme inhaltlichen Konsenses oder inhaltlicher Bestätigung
cessione del turno	–	*turn*-Abgabe
chiusura	–	Abschluss (eines Redebeitrags)
conferma dell'attenzione		Aufmerksamkeitsbestätigung
controllo della ricezione	–	Überprüfung des Verständnisses des Geäußerten
demarcativi	–	Gliederungssignale
(inizio/fine) digressione	–	(Beginn/Ende einer) Abschweifung
elenco	–	Aufzählung
fatismi	–	Phatismen
focalizzatori (a livello locale/globale)	–	Fokuspartikeln (mit engem/weitem Skopus)
indicatori di citazione e di discorso riportato	–	Signale des Zitierens und der Redewiedergabe
indicatori di correzione	–	Korrektursignale
indicatori di esemplificazione	–	Exemplifizierungssignale
indicatori di parafrasi	–	Umschreibungssignale
indicatori di riformulazione	–	Umformulierungssignale
indicatori di rinvio	–	Verweissignale
indicatori di ripartenza	–	Signale des Neubeginns einer Formulierung
indicatori epistemici	–	Epistemische Operatoren
indicatori procedurali	–	Prozedurale Operatoren
intercalare	–	Füllwort
introduzione/presentazione	–	Einleitung
meccanismi di cortesia	–	Höflichkeitsoperatoren

meccanismi di interruzione	– Unterbrechungssignale
meccanismi di modulazione/	– Modale Operatoren
modalizzatori	
passaggio/transizione	– Übergang/Überleitung
presa di turno	– *turn*-Übernahme
richiesta d'attenzione	– Aufmerksamkeitseinforderung
richiesta di spiegazione	– Erklärungseinforderung
riempitivi	– Füllwörter
valore di aggiunta	– Ergänzungsfunktion

8 Resümee / Sintesi / Summary

8.1 Resümee

Die vorliegende Arbeit behandelte die *segnali discorsivi* (= SD) des Italienischen mit besonderer Berücksichtigung von *praticamente* und *comunque*, die einer korpusgestützten Detailanalyse unterzogen wurden. Untersucht wurden 100 Audio-Aufnahmen des 2004 von der Universität Neapel veröffentlichten *CLIPS*-Korpus. Im theoretischen Teil wurden zunächst verschiedene Klassifizierungsansätze vorgestellt, die Abgrenzung der SD von ähnlichen Funktionsklassen wie den Abtönungspartikeln diskutiert und, insbesondere unter Bezug auf die Modelle von Koch/Oesterreicher (2011) und Bazzanella (1995, 2005, 2008), die verschiedenen Funktionskategorien der SD vorgestellt.

Die anschließende Funktionsanalyse zeigte, dass *praticamente* und *comunque* zahlreiche Funktionen auf allen Ebenen des Diskurses (metatextuell, interaktional, kognitiv) übernehmen können. Neben dieser paradigmatischen weisen sie zudem eine ausgeprägte syntagmatische Polyfunktionalität (vgl. 1.2.1) auf. Die meisten in Kap. 2 vermuteten Funktionen konnten durch die Analyse bestätigt werden; zudem wurden einige zuvor nicht vermutete Funktionen ermittelt wie etwa der Gebrauch von *praticamente* als *indicatore di ripartenza* ('Abbruch und Neubeginn der Formulierung') (vgl. 3.1.1.2) oder die mit *praticamente* ausgedrückte semantisch-pragmatische Nuance der Präzisierung/inhaltlichen Klarstellung (vgl. 3.1.3.5).

Zu den wichtigsten Gebrauchsweisen von *praticamente* zählen der Gebrauch als Anfangs- bzw. *turn taking*-Signal (vgl. 3.1.1.1, 3.1.2.1), als Überbrückungs- bzw. *turn maintaining*-Signal (vgl. 3.1.1.5, 3.1.2.2) und vor allem der Gebrauch als Ungenauigkeitssignal mit engem und weitem Skopus (vgl. 3.1.3.1, 3.1.3.2); frequent ist zudem die Verwendung als *intercalare* (vgl. 3.1.3.3). Wichtige Funktionen von *comunque* sind dessen Gebrauch als Themenwechselsignal (vgl. 3.2.1.1), als Anfangs- bzw. *turn taking*-Signal (vgl. 3.2.1.3, 3.2.2.1), als kontrastiver Diskursmarker (vgl. 3.2.3.1) und als Abtönungspartikel im weiten Sinn (vgl. 3.2.3.3.1). Ob *comunque* auch als Abtönungspartikel im engen Sinn fungieren kann, musste offen gelassen werden (vgl. 3.2.3.3.2), da auch eine gründliche Analyse nicht klären konnte, ob Gebrauchsweisen wie (180)-(182) pragmatischer oder nicht-pragmatischer Natur sind. Der pragmatische Gebrauch ist, gemäß dem hier angewandten Abtönungskonzept, wiederum Voraussetzung für die Einstufung als Abtönungspartikel.

8.2 Sintesi

Il presente lavoro ha trattato i segnali discorsivi (= SD) dell'italiano con un interesse particolare per *praticamente* e *comunque* che sono stati sottoposti ad una dettagliata analisi empirica. Sono stati analizzati 100 file audio tratti dal corpus *CLIPS*. Nella parte teorica si è cercato di dare una definizione del fenomeno, sono stati esaminati diversi tipi di classificazione e si è discussa la delimitazione degli SD da altre classi come le *Abtönungspartikeln*. Inoltre, sulla base delle concezioni di Koch/Oesterreicher (2011) e Bazzanella (1995, 2005, 2008), sono state presentate le varie categorie funzionali degli SD.

L'analisi funzionale ha mostrato che *praticamente* e *comunque* possono assolvere diverse funzioni a tutti i livelli del discorso (metatestuale, interazionale, cognitivo), presentando quindi una notevole polifunzionalità paradigmatica. Inoltre si distinguono per una spiccata polifunzionalità sintagmatica (cfr. 1.2.1). L'analisi ha confermato quasi tutte le funzioni ipotizzate nel cap. 2; inoltre ha fatto emergere funzioni non ipotizzate, come ad es. l'uso di *praticamente* come *indicatore di ripartenza* (cfr. 3.1.1.2) e una sfumatura semantico-pragmatica di precisazione (cfr. 3.1.3.5) che *praticamente* può assumere in determinati contesti.

Tra i tipi d'uso più importanti di *praticamente* si annoverano l'uso come demarcativo d'introduzione/di presentazione o, rispettivamente, come segnale di presa di turno (cfr. 3.1.1.1, 3.1.2.1), l'uso come *hesitation signal* o, rispettivamente, come *turn-maintaining signal* (cfr. 3.1.1.5, 3.1.2.2) e, soprattutto, l'uso come segnale d'approssimazione con portata limitata e ampia (*Ungenauigkeitssignal mit engem und weitem Skopus*) (cfr. 3.1.3.1, 3.1.3.2); inoltre è frequente l'uso come intercalare (cfr. 3.1.3.3). Funzioni importanti di *comunque* riguardano l'uso come segnale di cambio di topic (cfr. 3.2.1.1), l'uso come demarcativo d'introduzione/di presentazione o, rispettivamente, come segnale di presa di turno (cfr. 3.2.1.3, 3.2.2.1), l'uso come *discourse marker* procedurale con valore contrastivo (cfr. 3.2.3.1) e l'uso come *Abtönungspartikel* in senso lato (cfr. 3.2.3.3.1). Rimane invece aperta la questione della classificazione di *comunque* come *Abtönungspartikel* in senso stretto (cfr. 3.2.3.3.2). Essa dipende dal valore che si attribuisce alle varianti elencate sotto (180)-(182): se in questi esempi *comunque* rappresenta una variante pragmatica è da definirsi, secondo la concezione qui seguita (cfr. 1.3.7.2), una *Abtönungspartikel* in senso stretto, visto che rispetta i criteri specifici (posizione sintattica mediana, portata limitata alla frase, funzione modale di presupposizione). Se invece ha valore non-pragmatico è da classificare come avverbio.

8.3 Summary

The present paper dealt with the functional class of discourse particles (= DP) and focused especially on the Italian DP *praticamente* and *comunque,* which had been subject of a detailed, corpus-based analysis. For this analysis 100 audio files of the Italian *CLIPS* corpus have been used. In the theoretical part, a definition of the phenomenon was given, different types of classification were examined and the delimitation from similar functional classes like the modal particles was discussed. Furthermore, with reference to the models of Koch/Oesterreicher (2011) and Bazzanella (1995, 2005, 2008), the functional categories of DP were presented.

The functional analysis showed that *praticamente* and *comunque* can fulfil various functions at all discourse levels (metatextual, interactional, cognitive), featuring thus a remarkable paradigmatic multifunctionality. Furthermore they are characterized by a strong syntagmatic multifunctionality (cf. 1.2.1). The analysis confirmed almost all the functions that were supposed in chapter 2, moreover, it brought out functions that were not supposed before, e.g. the use of *praticamente* as *indicatore di ripartenza* (‚stopping and restart of a formulation') (cf. 3.1.1.2) or the semantic-pragmatic nuance of clarification (cf. 3.1.3.5) that *praticamente* can acquire in specific contexts.

Among the most important usages of *praticamente* are its usage as an introduction/presentation signal (*Anfangssignal*) or, respectively, as a turn-taking signal (cf.. 3.1.1.1, 3.1.2.1), its usage as a hesitation signal or, respectively, as a turn-maintaining signal (cf. 3.1.1.5, 3.1.2.2) and, especially, its usage as an approximation signal with narrow and broad scope (*Ungenauigkeitssignal mit engem und weitem Skopus*) (cf. 3.1.3.1, 3.1.3.2); furthermore it is frequently used as "filler" (*intercalare*) (cf. 3.1.3.3). Important functions of *comunque* are its function as a topic-change signal (cf. 3.2.1.1), as an introduction/presentation signal (*Anfangssignal*) or, respectively, as a turn-taking signal (cf. 3.2.1.3, 3.2.2.1), its function as a procedural contrastive discourse marker (cf. 3.2.3.1) and its function as an *Abtönungspartikel* (= AP) in the broader sense (cf. 3.2.3.3.1). The question if *comunque* can function as an AP in the narrower sense (cf. 3.2.3.3.2) remains open since even a thorough analysis could not clarify if the usages like (180)-(182) are of pragmatic or non-pragmatic nature. If in the examples (180)-(182) pragmatic types of usage are shown, *comunque* has to be classified here as an AP in the narrower sense, as it satisfies the required criteria (central syntactic position, sentence scope, presuppositional function). If (180)-(182) show instead non-pragmatic variants, *comunque* has to be classified as an adverb.

Kontrastive Linguistik
Linguistica contrastiva

Herausgegeben von Elmar Schafroth und Marcella Costa
A cura di Elmar Schafroth e Marcella Costa

www.peterlang.com

www.ingramcontent.com/pod-product-compliance
Lightning Source LLC
Chambersburg PA
CBHW030245100426
42812CB00002B/322